कठघरे से

कठघरे से

धीरेंद्र नारायण सिंह

ग्रंथ अकादमी, नई दिल्ली

प्रकाशक : ग्रंथ अकादमी, 1659 पुराना दरियागंज, नई दिल्ली–110002
 / संस्करण : प्रथम, 2017 / मूल्य : दो सौ पचास रुपए
मुद्रक : आर–टेक ऑफसेट प्रिंटर्स, दिल्ली ISBN 978-81-933974-8-0

KATHGHARE SE *stories* by Dhirendra Narayan Singh ₹ 250.00
Published by Granth Akademi, 1659 Old Darya Ganj, New Delhi-110002

भूमिका

श्री प्रदीप कुमार झाजी (काराधीक्षक) मेरे अनन्य हैं। वे जहाँ भी काराधीक्षक रूप में रहे (कटिहार, खगड़िया, पटना, मुंगेर, भागलपुर), उन्होंने मुझे जरूर बुलाया और मैं हर जगह गया। बड़े ही भावुक व्यक्ति। साहित्य और संगीत से बेहद लगाव। पटना रेडियो स्टेशन से सुगम संगीत गाते हुए मैंने कई बार उन्हें सुना है।

जब वे मुंगेर जेल के काराधीक्षक थे, तब मैं उनसे मिलने मुंगेर गया था। एक दिन लॉन में उन्हें अकेले बैठे देखा। मुझे लगा, जैसे वे किसी गहरे चिंतन में लीन हैं।

मैं जब उनके निकट गया तो वे कुरसी छोड़कर खड़े हो गए और सिपाही से कुरसी लाने के लिए बोले।

मैंने पूछा, "किस चिंतन में लीन थे?"

उन्होंने कहा, "सर! मुझे यह जॉब चूज नहीं करना चाहिए था। यह मुझे सूट नहीं करता है।"

मैंने पूछा, "क्या कोई विशेष बात हो गई है?"

उन्होंने कहा, "कल जिस आदमी से जेल के अंदर आपको गजल सुनवाया था।..."

मैंने कहा, "हाँ-हाँ, स्वर्णकारजी। अरे, वह तो हू बहू मेहँदी हसन की तरह गाता है। क्या हुआ उसे?"

"कल जब उसके कारावास की अवधि पूरी हुई और उसे जेल से बाहर

निकाला जाने लगा, तो वह मेरे ऑफिस में आकर मेरे दोनों पैर पकड़कर कहने लगा, 'हुजूर! मुझे जेल से मत निकालिए। मैं यहाँ से कहीं नहीं जाऊँगा।'

यह मेरे जीवन का पहला केस था कि कोई कैदी रिहाई के बाद घर जाना नहीं चाह रहा था।

मैंने पूछा, "घर क्यों नहीं जाना चाहते हो? तो उसने जो कहा मेरे मोबाइल में टेप है, आप भी सुनिए—'हुजूर! मैं गाँव जाकर क्या करूँगा। वहाँ न रहने को घर है और न खड़े होने को पाँव तले जमीन। एक लड़का था, वह भी मर गया। एक लड़की थी, उसके साथ मनचलों ने बलात्कार किया और वह फाँसी लगाकर मर गई। पत्नी है जो घर-घर जाकर बरतन-वासन करके गुजारा करती है। जब उसे मेरी रिहाई का पता चला तो वह मुझसे मिलने आई थी। कह रही थी कि आप जेल में ही रहिए। यहाँ आपका स्वास्थ्य ठीक है। बाहर आते ही मालिक मरवा देगा, बेचना बोल रहा था। इसलिए हुजूर मुझे जेल में ही रहने दीजिए। बाहर मत निकालिए।' "

इसके बाद प्रदीपजी ने मोबाइल बंद कर दिया और मेरे कानों में उनकी गाई हुई मेहँदी हसन साहब की गजल, "रंजिश ही सही, दिल को दुखाने के लिए आ···" गूँजने लगी।

मैंने वहीं बैठकर 'कठघरे से' रचना लिखी और निश्चय किया कि इस पुस्तक का नाम 'कठघरे से' रखूँगा। आप 'कठघरे से' पढ़कर देखें। आपको स्वर्णकारजी की मनोदशा का पारदर्शी अवलोकन होगा।

—धीरेंद्र नारायण सिंह

अनुक्रम

कठघरे से

मैं सुखी राम। कैदी नंबर पाँच सौ बत्तीस। कठघरे से बोल रहा हूँ। जो भी सुन रहे हों, मेरे घरवालो को इत्तला दे दें, मैं यहाँ अच्छी तरह हूँ। पक्का मकान है। बरसात में छप्पर चूने का भय नहीं। सवरे चाय मिल जाती है। नाश्ते में चना-गुड़ और भोजन के लिए पूछो मत। सप्ताह में मांस, मछली और अंडे भी मिल जाते हैं। रोटी, चावल, चने की दाल और हरी सब्जी प्रतिदिन का भोजन है।

ओढ़ने और बिछाने को दो कंबल, पहनने को कपड़े, साबुन और तेल, सबकुछ मिलता है।

कह दें गिरधारी से, कर दे हरिकिशन का खून और चले आएँ जेल। इस प्रजातंत्र में घर की व्यवस्था से जेल की व्यवस्था अच्छी है।

□

फिर एक नेता

फिर अखबार का मुखपृष्ठ लूट, अपहरण और बलात्कार की खबरों से भरा पड़ा है। कभी पुलिस की पेट्रोलिंग गाड़ी उड़ा दी जाती है। कभी डी.एस.पी. की पीट-पीटकर हत्या कर दी जाती है। कोई अगर घर से बाहर निकलता है और शाम तक सुरक्षित लौट आता है, तो इसे भगवान की असीम कृपा माना जाता है। न्यायालय ने भी बिहार को जंगलराज कह दिया है।

पिछले महीने मुख्यमंत्रीजी आए थे। उन्होंने मधेपुरा के एस.पी. को भरी सभा में निर्देश दिया कि एक महीने के अंदर कलुआ को जिंदा या मुर्दा हाजिर करो। लेकिन कलुआ को पकड़ना तो दूर पुलिस उसकी परछाईं तक नहीं देख सकी।

मैंने दारोगाजी से पूछा, ''सर यह कलुआ है कौन जो क्राइम करता है और खुशबू की तरह हवा में गायब हो जाता है?''

''ओह! फिर एक नेता जनम ले लिया है। सरेंडर करेगा और एम.एल.ए., एम.पी. बनेगा।'' दारोगाजी ने कहा।

□

सत्ता की राजनीति

बकरी के लाख समझाने-बुझाने के बावजूद मेमना अपनी जिद पर अड़ा रहा। घर के बुजुर्गों ने भी समझाया कि अभी तुम्हारी उम्र जंगल में जाने की नहीं है। वहाँ बाघ, सिंह, चीता आदि हिंसक पशु भरे पड़े हैं। वे तुम्हें पकड़कर खा जाएँगे।

लेकिन मेमना किसी की बात सुनने को तैयार नहीं था। अंत में विवश होकर बकरी को मेमने को साथ लेना पड़ा।

मेमना ने पहली बार जंगल देखा था। हरित वन और वृक्षों की ठंडी छाँव ने उसे उद्वेलित कर दिया। कभी इधर, कभी उधर धमा-चौकड़ी मचाने में उसे आनंद मिल रहा था।

कई बार वह मेमने को पकड़कर पास लाई और हिदायत देते हुए बोली, "अब अगर तुम इधर-उधर जाओगे तो बड़ी मार मारूँगी।"

लेकिन कुछ ही देर बाद मेमना माँ से नजर बचाकर कब निकल गया, वह बकरी नहीं जान सकी। उसे मेमने का खयाल तब आया जब उसने पेड़ के नीचे बंदर के छोटे बच्चों को देखा। अपने मेमने को अनुपस्थित देख बकरी व्यग्र हो उठी। बकरी मेमने की खोज में चतुर्दिक भाग-दौड़ कर रही थी। अस्ताचल सूर्य को देखकर उसे कई दुश्चिंताएँ घेर रही थीं। वन की सघनता से अंधकार की परिधि बढ़ रही थी। लेकिन बकरी भी एक माँ थी, जो अपने बच्चे को मौत के मुँह में छोड़कर नहीं जा सकती थी। ढूँढ़ते-ढूँढ़ते आखिर मेमना मिल ही गया और बकरी मेमने को लेकर जल्दी-जल्दी घर

की ओर चलने लगी।

लेकिन जिस बात की संभावना थी, वह सामने खड़ी थी।

आगे उसी मार्ग से एक शेर आ रहा था। बकरी को काटो, तो खून नहीं।

उसने मेमने से कहा, ''जल्दी-जल्दी मेरे पीछे आओ।''

मेमना जब तक कुछ समझ पाता, बकरी एक झाड़ी के पीछे छिप गई। इतने में शेर मेमना के सामने आकर खड़ा हो गया और पूछा, ''क्या हाल-चाल है भानजे ?''

मेमने ने कहा, ''जरा दूर से बात करो। तुम्हारे शरीर से बड़ी बुरी गंध आ रही है। स्नान-ध्यान नहीं करते हो क्या ?''

हँसते हुए शेर ने कहा, ''अरे मेरी बहना किधर चली गई ?''

''अभी तो यहीं थी।'' मेमने ने कहा।

उधर, झाड़ी के पीछे से बकरी सबकुछ देख रही थी। इतने में शेर ने ऊँची आवाज में कहा, ''क्यों झाड़ी के पीछे छिपी हो बहना। जल्दी मेरे भानजे को लेकर घर निकल जाओ। अंधकार बढ़ रहा है और हिंसक पशुओं के निकलने का समय हो रहा है।'' इतना कहकर शेर आगे निकल गया।

शेर के दूर निकलने पर बकरी झाड़ी से बाहर आई और मेमने से पूछा, ''शेर क्या कह रहा था ?''

मेमने ने कहा, ''कह रहा था, क्या हाल-चाल है भानजे ?''

बकरी बोली, ''जल्दी चलो। लगता है, जंगल में चुनाव जल्द होने वाला है।''

□

टेस्ट

जंगल से गुजरते एक राहगीर को शेर ने मार गिराया। लाश को खींचते हुए अपनी गुफा के अंदर लाया, जहाँ शेरनी और उसके बच्चे प्रतीक्षारत बैठे थे।

शेर ने कहा, ''आओ, सभी एक साथ भोजन करें।'' सभी लाश को नोच-नोचकर खाने लगे। अभी थोड़ा ही खाया था कि शेर नाक-भौं सिकोड़ते हुए बोला, ''मांस में कोई टेस्ट नहीं है।'' शेरनी बोली, ''मैं भी यही कहने वाली थी। लगता है, आदमी नेक और ईमानदार था।''

□

मंत्रीजी का प्रोग्राम

चुनाव के बाद पहली बार मंत्रीजी का अपने क्षेत्र में आगमन हो रहा है। जगह-जगह तोरण द्वार बनाए जा रहे हैं। रात में जेनरेटर चलाकर सड़कें बनाई जा रही है। हरिजन बस्ती में चापाकल गाड़ा जा रहा है और कब्रगाह के चारों ओर चहारदीवारी बनाई जा रही है। वायरलेस सेट पर स्वयं दारोगाजी बैठे हैं कि कब एस.पी. साहब का क्या मैसेज आ जाएगा। चाक-चौबंद व्यवस्था की तैयारी है।

इसी बीच एक महिला रोती, शोर मचाती थाने पहुँच गई। ''दारोगा बाबू! जल्दी चलिए। मेरी जवान बेटी को चार गुंडे उठाकर ले गए हैं। जल्दी चलिए दारोगाजी, जल्दी चलिए।'' महिला रो-रोकर चिल्ला रही थी।

गरजते हुए दारोगाजी ने कहा, ''चुप्प! जवान बेटी घर में कुँवारी रखती है और आशिक के साथ भागने पर अपहरण कहती है। जाओ, कल तक अपने आप आ जाएगी।''

लेकिन महिला एक ही रट लगा रही थी, ''दारोगाजी! जल्दी चलिए, नहीं तो गुंडा लोग दूर निकल जाएगा। हुजूर, आपके घर में भी बहू-बेटी है। आप नहीं रक्षा कीजिएगा तो हम गरीबों को कौन देखेगा।''

दारोगाजी चिल्ला उठे, ''मुंशीजी! बंद कीजिए इसको हवालत में। रात भर एस.पी. साहब ने सोने नहीं दिया है। ऊपर से यह औरत आकर नौटंकी कर रही है।''

मुंशी ने हवलदार से कहा और हवलदार ने डंडा चमकाते हुए औरत

से कहा, ''खैरियत चाहती हो, तो चुपचाप निकल जाओ। आज कोई सुनवाई नहीं होगी। आज मंत्रीजी का प्रोग्राम है। साहब लोगों को खाने की फुर्सत नहीं है। कल आना, तब देखेंगे।''

महिला रो-रोकर हवलदार से कहने लगी। ''हुजूर, आज नहीं देखिएगा, तो कलतक वे लोग उसे बाहर लेकर चले जाएँगे। यदि अभी पीछा करेंगे, तो जरूर पकड़ा जाएगा।''

इसी बीच वायरलेस सेट घन-घना उठा और दारोगाजी ने बिगड़ते हुए हवलदार से कहा, ''मैंने तुमसे कहा था कि औरत को बाहर निकालो और तुम उससे प्रेमालाप करने लगे। कल से लाइन में हाजिर होने के लिए तैयार हो जाओ। हम दो रात से जगे हैं और इन लोगों को हरी-हरी सूझता है।''

इतना सुनते ही हवलदार ने औरत को घसीटते हुए थाने से बाहर कर दिया।

औरत जिस रास्ते से आई थी, रोते हुए चली गई।

□

प्रश्नोत्तर

आई.ए.एस. की लिखित परीक्षा में सफल उम्मीदवारों की मौखिक परीक्षा चल रही थी। टॉपर रहे उम्मीदवार से परीक्षकों ने प्रश्न किया—

''क्या आप बता सकते हैं कि आजतक ऐसा कौन सा सवाल है, जिसे आप हल नहीं कर सके ?''

जवाब में उम्मीदवार ने कहा, ''रोटी का सवाल।''

दूसरे परीक्षक ने प्रश्न किया, ''क्या आप विश्व का आठवाँ अजूबा बता सकते हैं ?''

उम्मीदवार ने मुसकराते हुए उत्तर दिया, ''क्यों नहीं, आज बिहार में एक भी हत्या, अपहरण और बलात्कार नहीं हुआ।''

अंत में तीसरे परीक्षक ने पूछा, ''आपके जीवन में कोई ऐसी घटना घटित हुई है, जो आपको उद्वेलित करती हो ?''

''महोदय, अभी तक तो ऐसी घटना घटित नहीं हुई है, लेकिन आज के पेपर में पढ़ा है कि बिहार की मुख्यमंत्री एक ऐसी महिला बन रही हैं, जिन्हें अपना हस्ताक्षर करना भी नहीं आता है और कल से मुझे उसके सामने आदेश की प्रतीक्षा करनी होगी।'' उम्मीदवार ने कहा।

परीक्षकों के चेहरे पर प्रशंसा के भाव थे और टॉपर उम्मीदवार टॉपर रहा।

□

वसीयत

एक निहायत ही शरीफ इनसान मैट्रीकुलेशन से एम.ए. तक टॉपर रहा। तीन विषयों में एम.ए. और तीनों में टॉपर। ऊपर से पी-एच.डी. लेकिन नौकरी की तलाश में उम्र भर भटकता रहा। कहीं भी नौकरी नहीं मिली।

सबसे अधिक कष्ट उसे तब होता था, जब घर पहुँचने पर बूढ़े पिता का प्रश्न होता था, ''कहीं कोई नौकरी मिली?''

और वह वही नपा-तुला उत्तर देता था, ''प्रयत्न कर रहा हूँ।''

और आज नौकरी की एज एक्सपायर हो जाने के कारण उसने जहर पीकर आत्महत्या कर ली। पुलिस आई तो जाँच के क्रम में सिरहाने से एक कागज का पुर्जा मिला, जिसमें लिखा था—''मेरे साथ मेरी सारी डिग्रियाँ जला दी जाए ताकि आने वाली पीढ़ी को पठन-पाठन में रुचि न हो।''

□

स्वर्ग में वकील

गाँव-घरों में कहावत है कि नरक में भी ठेलम-ठेला। सरकारी आँकड़ों के मुताबिक नरक में तिल धरने की भी जगह नहीं है। वहाँ लॉ ऐंड ऑर्डर नाम की कोई चीज नहीं रह गई है। स्वेच्छाचारिता का बोल-बाला है। बात-बात में हथियार निकल आते हैं। निहत्थे लोग चुपचाप सबकुछ देख रहे हैं। नेक-ईमानदार लोग हाशिए पर खड़े हैं।

परिसर इतना गंदा हो गया है कि महामारी फैलने की आशंका बढ़ गई है। लेकिन कौन देखता है नरक को। महामारी, अकाल मृत्यु, कष्ट और यातनाओं को झेलने की जगह ही नरक है।

लेकिन जिस तरह सहने की एक सीमा है, उसी तरह नरक की भी एक सीमा है। इसके भी नियम हैं। इसके भी ग्रेड हैं। यहाँ भी विशिष्ट सुविधाएँ हैं। विश्वास नहीं है, तो बेऊर जेल से भागलपुर सेंट्रल जेल का मुआयना करके देख लीजिए।

लेकिन देखिएगा खाक! आज बहुत बड़ी दुर्घटना हो गई है। आतंकवादियों ने स्वर्ग और नरक को विभाजित करने वाली दीवार को तोड़ दिया है। बिजली, वाटर सप्लाई, टेलीफोन और यातायात के सारे वाहनों पर कब्जा कर लिया है।

स्वर्ग के सारे पंखे खुलकर नरक में लग गए हैं। वाटर सप्लाई का कनेक्शन नरक में कर दिया गया है। टेलीफोन की सारी मशीनरी नरक से जुड़ गई है। देवता लोगों में आपसी बातचीत बंद है। सबसे ज्यादा दिक्कत

भगवान विष्णु को हो रही है। एक गरुड़यान देवताओं को आपात बैठक की सूचना देने में संलग्न है। धीरे-धीरे सारे देवगण सभा भवन में एकत्र हो रहे हैं। सभी के चेहरे पर भय और आतंक स्पष्ट दिखाई दे रहा है।

काफी देर विचार-विमर्श के बाद निर्णय लिया गया कि नरकवासियों ने जघन्य अपराध किया है। इसलिए इस केस को सुप्रीम कोर्ट के हवाले कर दिया जाए, क्योंकि लोअर कोर्ट के फैसले पर अपील की गुंजाइश रह जाती है और मुद्दालेह छुट्टा घूमता रहता है। इसलिए वकील सेठ गिलानीजी को बुलाकर कंसल्ट किया जाए और कुबेर महाराज से कह दिया जाए कि वकील साहब को फीस एडवांस के तौर पर दे दी जाए।

सब ने मेज थप-थपाकर एक मत से प्रस्ताव को मंजूरी दे दी।

विष्णुजी ने अपने एक विश्वस्त सेवक को कुबेरजी के पास भेजा और कुबेरजी हाजिर हो गए। विष्णुजी से मंत्रणा के बाद कुबेरजी ने अकूत धनराशि गिलानीजी को सौंप दी।

सुप्रीम कोर्ट में जब सेठ गिलानीजी ने अपना आर्गुमेंट दिया, तो नरक के वकीलों की बोलती बंद हो गई और फैसला सुनते ही नरकवासियों में हड़कंप मच गया।

कुछ लोगों को फाँसी, कुछ को आजन्म कारावास और बाकी लोगों को कालेपानी की सजा मिली।

देवलोक में होली के त्योहार सा रंग, अबीर और गुलाल उड़ने लगा।

लेकिन चित्रगुप्त महाराज एक कोने में चुपचाप बैठे थे।

भगवान विष्णु ने जब उनसे उदासी का कारण पूछा तो उन्होंने स्पष्ट कहा, ''हुजूर! मैंने सबदिन आपको मना किया कि वकील को स्वर्ग मत दीजिए, लेकिन आपने मेरी बात को अनसुना कर दिया। खैर, जाने दीजिए, आगे देखिएगा।''

और आज धरती से भी बदतर स्थिति देवलोक की है। चारों ओर लोग भय, कुंठा और संत्रास की स्थिति में हैं। देवता गुनाह करते हैं और वकील गिलानीजी उन्हें कोर्ट में बेगुनाह साबित कर देते हैं।

□

गाली

दिल्ली और पंजाब जानेवाले मजदूरों की भीड़ के चलते गाड़ी में कहीं भी तिल धरने की जगह नहीं थी। मैं किसी तरह अपने आरक्षण बौगी में घुसा, लेकिन यहाँ भी लोग ठूँस-ठूँस कर भरे थे।

मैंने अपनी बगल में एक संभ्रांत व्यक्ति को देखा, जो रेल की अव्यवस्था पर लगातार लेक्चर दे रहा था। उसकी आत्मवेदना और मेरी पीड़ा समान थी, क्योंकि मैं भी आरक्षण कराने के बावजूद खड़े होने की जगह तलाश रहा था। लेकिन मन-ही-मन सोच रहा था कि यह व्यक्ति जरूर बिहारी है, क्योंकि बिहारी लोग अपनी काबिलियत और ज्ञान का बखान ज्यादातर चलती ट्रेन में करते हैं।

इधर, मैं भी बिहारी ही था। अतः सहानुभूति प्रकट करते हुए पूछा, "भाई साहब! क्या आप बिहारी हैं?"

उस आदमी की भृकुटी तन गई और मेरी ओर मुखातिब होकर बोला, "आप मुझे गाली क्यों देते हैं?" और मुझे काटो, तो खून नहीं।

□

भगवान का मूल्य

पुजारीजी जब भूखों मरने लगे तो वे मंदिर के गणेशजी और उनके वाहन मूषक को लेकर मंडी की ओर चल पड़े। एक सर्राफे की दुकान पर पहुँचकर दोनों मूर्तियों को बेचने की मंशा जाहिर की।

सर्राफ ने दोनों मूर्तियों को तोला। दोनों का वजन समान था, अतः मूल्य भी समान बताया।

पुजारी ने कहा, ''सर्राफजी! गणेशजी जैसे महान् देवता और तुच्छ चूहा, दोनों का मूल्य समान। यह तो भगवान का निरादर है।''

सर्राफ ने कहा, ''पुजारीजी! जब तक उनमें आपकी श्रद्धा और विश्वास था, ये भगवान थे। अब, जब यह बाजार की वस्तु बन गई, तो यह चाँदी की धातु है। धातु का मूल्य तो बाजार भाव से ही मिलेगा।''

□

समझदारी

आज फिर कौआ रोटी का टुकड़ा चोंच में दबाए डाल पर बैठा है। नीचे से लोमड़ी ने फिर अपना पुराना राग अलापना शुरू किया, ''भाई कौआ! तुम्हारे जैसा मधुर गायक अगर चुप्पी साध ले, तो जंगल में संगीत नाम की चीज ही नहीं रह जाएगी। एक बार अपनी मधुर आवाज सुना दो। मन का अवसाद मिट जाएगा।''

कौए ने चोंच की रोटी डाल पर रखकर उसे पैर से दबाया और बोला, ''बहना जाओ। अपना रास्ता नापो। तुमने सन् सैंतालिस से मेरी पीढ़ियों को शब्द-जाल में भरमाया है। अब हम झाँसे में आनेवाले नहीं हैं।'' इतना कहकर कौआ चोंच में रोटी दबाकर उड़ गया।

□

छोड़ो कल की बातें

रेडियो से प्रादेशिक समाचार का प्रसारण हो रहा है।

धोनी—अरबपति

द्रविड—करोड़पति

युवराज—करोड़पति

सचिन—अरबपति

अब समाचार विस्तार से, ''ट्वेंटी-ट्वेंटी विश्व कप में भारत की विजय से इसके सभी खिलाड़ी करोड़पति हो गए।''

प्रभाष का छोटा भाई आर्यन अपनी माँ से बोला, ''मम्मी! आप तो कहती थीं—

खेलोगे-कूदोगे होगे खराब,
पढ़ोगे-लिखोगे बनोगे नवाब।''

माँ चुपचाप निरुत्तर आर्यन को देख रही थी और रेडियो में गाना बज रहा था—

''छोड़ो कल की बातें
कल की बात पुरानी।''

□

चैलेंज

जानवर की टोह में शेर झाड़ी की ओट में छिपकर किसी जानवर के गुजरने का इंतजार कर रहा था। लेकिन एक मच्छर बार-बार उसके कान के पास आकर भिन-भिनाकर उसे डिस्टर्ब कर रहा था। बार-बार ऐसा होने पर उसकी एकाग्रता भंग होती थी। अत: तंग होकर शेर ने कहा, ''रे तुच्छ जीव! तुम्हें पता है, मैं जंगल का राजा हूँ। जब चाहूँगा, चुटकी में मसल दूँगा।''

हँसते हुए मच्छर ने कहा, ''कुछ तो शर्म करो। अपने को राजा कहते हो और चोरों की भाँति छिपकर शिकार करते हो। मैं काटने के पूर्व अपने शिकार के कान के पास जाकर चैलेंज करता हूँ, उसके बाद ही काटता हूँ।''

इतना कहकर मच्छर शेर के कान में काटकर उड़ गया।

□

पत्नी

कलुआ प्रतिदिन पत्नी को पीटता था। लप्पड़-थप्पड़ की मार बेचारी चुपचाप बरदाश्त कर लेती थी। लेकिन कसाई जब डंडे से पीटने लगता था, तब उसका जोर-जोर से चिल्लाकर रोना स्वाभाविक था। फिर भी न कोई शिकवा और न शिकायत, लेकिन मोहल्लेवाले इन वारदातों से परेशान थे।

एक दिन मोहल्लेवालों ने निर्णय लिया कि क्यों न कलुआ की पत्नी से उस पर केस करवा दिया जाए। दारोगा की लाठी जब पीठ पर पड़ेगी, तब पता चलेगा कि मार से कैसी चोट लगती है।

सवेरे मोहल्ले के सारे लोग एकजुट होकर कलुआ की पत्नी को लेकर थाना गए और सारी बातें इन-डिटेल बताईं। फिर एक एप्लीकेशन तैयार किया और कलुआ की पत्नी को अँगूठे का निशान लगाने को कहा।

इसके बाद दारोगाजी ने सिपाही को बुलाकर कहा, ''चौबीस घंटे के अंदर हरामी कलुआ को पकड़कर हाजिर करो।''

अपने पति के नाम के साथ अभद्र गाली सुनते ही कलुआ की पत्नी बिफर उठी और उसने दारोगा के हाथ से एप्लीकेशन लेकर फाड़ दिया और कहने लगी, ''देखिए दारोगाजी! कितना भी खराब है, आखिर वह मेरा पति है। उसे गाली मत दीजिए।''

□

बेईमान चेहरा

पुरातत्त्व विभाग द्वारा खुदाई का कार्य युद्ध स्तर पर चल रहा था, क्योंकि मानसून की सूचना मिल चुकी थी। खुदाई में कुछ ऐसी चीजें मिली थीं, जिससे तत्कालीन आर्थिक एवं सांस्कृतिक परिवेश का पता चलता था। विमान के कुछ ऐसे भग्नावशेष मिले, जो उस युग के वैज्ञानिक समृद्धि के द्योतक थे।

इसी बीच एक श्रमिक को प्रसाधन कक्ष की खुदाई के क्रम में एक बड़ा आईना मिला। जब श्रमिकों ने उसे साफ किया, तो चेहरा स्पष्ट दिखाई दिया। उसकी चमक अद्यतन यथावत थी।

श्रमिकों ने आईने को निदेशक के सामने रखा। निदेशक ने अपना चेहरा आईने में देखा और आईना दरक गया।

□

कर्तव्य

लिखित परीक्षा में सफल अभ्यर्थियों को मौखिक साक्षात्कार के लिए बुलाया गया। अव्वल अंक प्राप्त अभ्यर्थी को सबसे पहले बुलाया गया। साक्षात्कार लेने वाले ने पूछा, ''अगर आपके सामने कोई एम.एल.ए. या एम.पी. बलात्कार करेगा तो आप क्या करेंगे?''

अभ्यर्थी ने कहा, ''आँख बंद कर लेंगे।''

''क्यों?''

''सेफ रहेंगे,'' अभ्यर्थी ने कहा।

□

सवाल

सफल अभ्यर्थियों की मौखिक परीक्षा चल रही थी। एक अभ्यर्थी से पूछा गया, ''दुनिया का सबसे जटिल सवाल कौन सा है, जिसका हल आजतक विज्ञान भी नहीं खोज सका है ?''

अभ्यर्थी ने जवाब दिया, ''पापी पेट का सवाल।''

□

यक्ष प्रश्न

आई.ए.एस. की लिखित परीक्षा में चयनित उम्मीदवारों की मौखिक परीक्षा होनेवाली है। अंतर्वीक्षा लेने वाले पदाधिकारी स्थान ग्रहण कर चुके हैं।

इस बीच आदेशपाल ने एक पुर्जा रवींद्र बाबू के हाथ में दिया। रवींद्र बाबू ने पढ़ा, "सर! मुझे सर्वप्रथम बुलाया जाए, क्योंकि आज ही मेरी बी.पी.एस.सी. की मौखिक परीक्षा पटना में है और फ्लाइट में मात्र एक घंटे का समय रह गया है।"

रवींद्रजी ने पुर्जा सुभाषजी की ओर बढ़ाया तो सुभाषजी ने कहा, "सबसे पहले इसी उम्मीदवार को बुलाइए। यह टॉपर है। इसकी बी.पी.एस.सी. की मौखिक परीक्षा आज ही पटना में है।"

रवींद्रजी ने कहा, "क्या फर्क पड़ता है। बुलाइए उन्हीं को, और उसी उम्मीदवार को बुलाया गया।"

सुभाषजी ने प्रश्न किया, "दीपकजी! आपने विश्व की आश्चर्यजनक चीजों के नाम पढ़े हैं। क्या आपने विश्व में कुछ आश्चर्यजनक देखा है?"

"शायद आपने कल का पेपर नहीं देखा है। कल बिहार में एक भी अपहरण, बलात्कार, लूटपाट और हत्या नहीं हुई। इससे बड़ा आश्चर्य और क्या हो सकता है।"

रवींद्रजी की मुखाकृति देखकर सुभाषजी मन-ही-मन कहने लगे, आई.ए.एस. का टॉपर है। इससे सोच-समझकर माथा लगाना चाहिए। अत:

सुभाषजी ने पूछ लिया, ''दीपकजी! सुना है कि आपने इस वर्ष जितनी परीक्षाएँ दी हैं, सभी जगह टॉपर हैं।''

''यह महज एक संयोग है या ऊपरवाले की कृपा।''

लेकिन जाते-जाते रवींद्रजी ने फिर प्रश्न कर दिया, ''अच्छा, दीपकजी! जाते-जाते आप एक बात बताइए कि आप अधिकारी बनेंगे तो पहला कार्य क्या करेंगे?''

''श्रीमान! मेरा पहला प्रयत्न होगा कि कल की तरह हर रोज पेपर में समाचार निकले कि आज बिहार में एक भी हत्या, अपहरण, लूटपाट और बलात्कार नहीं हुआ।''

इतना कहकर दीपकजी चुप हो गए।

□

जन्मकुंडली

शादी के पच्चीस वर्षों के बाद लल्लू लालजी को पुत्र रत्न प्राप्त हुआ है। छठी के दिन की तैयारी जोर-शोर से चल रही है। आर्केस्ट्रा पार्टी लाने के लिए वीरेंद्र बाबू पटना गए हैं। पंडाल, जेनरेटर और लाउडस्पीकर का भार नरेंद्रजी को सौंपा गया है। भोजन व्यवस्था डॉ. अशोक सँभाल रहे हैं। पूरे गाँव को निमंत्रित किया गया है।

आज छठी के दिन लल्लू लालजी के दरवाजे पर कोरियापट्टी मेले जैसी भीड़ है। हर आगंतुक के हाथ में उपहार है। अनिलजी उपहार ले-लेकर लोगों का नाम व पता लिख रहे हैं। पंडित बॉबी झाजी बच्चे की जन्म-कुंडली बनाकर लाए हैं। वे दक्षिणा की प्रत्याशा में जन्म-कुंडली सुनाने के लिए बेताब हैं, लेकिन लल्लू लालजी की व्यस्तता देखकर कुछ कह नहीं पा रहे हैं। लेकिन धैर्य की भी सीमा होती है। अंत में जाकर उन्होंने लल्लू लालजी से कहा, "जजमान! कुंडली सुनाने का मुहूरत बीता जा रहा है। एक बार सुन लेते, तो बड़ा कल्याणकारी होता।"

लल्लू लालजी ने कहा, "हाँ-हाँ, क्यों नहीं। शुभकार्य में विलंब क्यों?" और पंडितजी को लेकर पंडाल के बीच आ गए।

स्पीकर वाला दौड़कर आया और माइक पंडितजी को थमा दिया।

पंडितजी ने उद्घोषणा की, "उपस्थित सज्जनवृंद! आप लोग पाँच मिनट शांत रहें। मैं बच्चे की जन्म-कुंडली सुनाने जा रहा हूँ। उसके बाद उन्होंने संस्कृत में मंगलाचरण या भगवती का स्त्रोत पाठ किया और लगे

बच्चे की जन्म-कुंडली सुनाने, बड़े ही शुभ नक्षत्रों में बालक का जन्म हुआ है। ग्रह और राशि का योग बतलाता है कि लड़का नेक, ईमानदार, सत्यवादी और यशस्वी होगा। धन और ऐश्वर्य इसके साथ साये की भाँति चलेंगे लेकिन यह उसे स्पर्श भी नहीं करेगा।''

इससे आगे पंडितजी कुछ कहते कि लल्लू लालजी चिल्ला उठे—

''क्या उलूल-जुलूल सुना रहे हो पंडितजी। स्पष्ट क्यों नहीं कहते कि हरिश्चंद्र की तरह बिकेगा या गांधीजी की तरह गोली खाकर मरेगा।''

और पंडितजी से जन्म-कुंडली लेकर उसके टुकड़े-टुकड़े कर दिए।

लोग भोजन कर रहे थे लेकिन पंडितजी कहीं भी दिखाई नहीं पड़े।

□

सत्ता का सच

जनगणना पदाधिकारी ने दरवाजे से आवाज लगाई, ''घर के मालिक या मालकिन जो भी हैं, कृपया बाहर आने का कष्ट करें।

भीतर से मालकिन बाहर आईं तो पदाधिकारी ने कहा, ''मैं इससे पहले भी आ चुका हूँ, लेकिन घर में ताला लगा हुआ था। इधर एम.एल.ए. साहब ने कंप्लेंट कर दी है कि जनगणना वाले मेरे घर नहीं आए हैं।''

''हम उन दिनों नैहर में थे। इसलिए घर में ताले थे। आपका कोई दोष नहीं है।'' महिला बोली।

पदाधिकारी बोले, ''आप अपने परिवार के सदस्यों की संख्या, उनके नाम और उम्र बताने की कृपा करें। पहले घर के मालिक का नाम बताइए।''

महिला बोली, लिखिए—

1. श्री रवींद्र कुमार
   उम्र—60 वर्ष
2. श्रीमती राधा देवी
   उम्र—50 वर्ष
3. दीपक कुमार (पुत्र)
   उम्र—25 वर्ष
4. रोशन कुमार (पुत्र)
   उम्र—20 वर्ष
5. शशि कुमार (पुत्र)
   उम्र—15 वर्ष

जनगणना पदाधिकारी ने हँसते हुए कहा, ''मैडम! एक बात पूछूँ? बुरा तो नहीं मानिएगा।''

महिला बोली, ''पूछिए। मैं बुरा क्यों मानूँगी।''

''आपके सभी बच्चों में पाँच साल का अंतराल है। इसका कोई कारण है या जान-बूझकर अंतर रखा है।''

मालकिन सुनकर हँसने लगी। बोली, ''मेरे पति एम.एल.ए. हैं और हर पाँच वर्ष बाद ही क्षेत्र में आते हैं।''

□

टोपीवाले को नसीहत

चिलचिलाती धूप में पसीने से तर-बतर टोपी बेचनेवाला फिर बरगद के पेड़ के नीचे आकर बैठ गया। ठंडी हवा लगने से उसकी आँखें झपकने लगीं और उसे पता ही नहीं चला कि कब वह सो गया। आँखें खुलीं, तो देखा कि टोकरी की सारी टोपियाँ गायब हैं। मात्र एक टोपी बची थी, जो उसने अपने सिर पर पहन रखी थी।

बेचारे गरीब की महीनों की मेहनत के साथ-साथ पूँजी भी डूब गई थी। आखिर क्या करता। ऊपर वाले को स्मरण करते हुए आकाश की ओर सिर उठाया, तो देखा कि पेड़ पर सारे के सारे बंदर टोपी पहने उधम मचा रहे हैं।

कुछ देर के बाद उसे पिता के साथ घटी घटना का स्मरण हुआ। अत: अपने पिता की तरह सिर से टोपी उतारी और उसे दूर फेंक दिया। सोचा, बंदर भी अनुकरण करेंगे। लेकिन यह क्या, बिना टोपीवाला बंदर नीचे उतरा और टोपी पहनकर उड़न छू हो गया।

टोपीवाले ने कहा, ''बंदर भाई! क्यों गरीब की पेट पर लात मारते हो? शाम को घर जाऊँगा, तो पत्नी और बच्चे खाली टोकरी देखकर खुश होंगे कि आज सारी टोपियाँ बिक गईं। काफी पैसे मिले होंगे। लेकिन जब मैं इस घटना का जिक्र करूँगा, तो तुम्हीं सोचो, पूरे परिवार की स्थिति क्या होगी।''

टोपीवाले की बात सुनकर एक बूढ़ा बंदर नीचे आकर कहने लगा, ''मैं तुम्हारी सारी टोपियाँ वापस कर दूँगा, लेकिन तुम्हें मेरी एक शर्त माननी होगी।''

टोपीवाले की जान-में-जान आई। उसने कहा, ''मैं आपकी हर शर्त मानने को तैयार हूँ। आप फरमाकर तो देखें।''

बूढ़े बंदर ने कहा, ''अपने राजनेताओं की तरह झूठे वादे मत करो। सन् 1947 से मैं तुम्हारे वंशजों की झूठी कसमें और वादे देख रहा हूँ। इसलिए सोच-समझकर वादा करो। हमारी पीढ़ी झूठ और फरेब का धंधा नहीं करती है। अगर विस्मरण न हो, तो रामायण या रामचरित मानस पढ़कर देखो।''

टोपीवाले ने कहा, ''हे पवनपुत्र के वंशज, मैं उनकी ही सौगंध लेकर कहता हूँ कि मैं आपसे जो भी वादा करूँगा, उसका मरते दम तक पालन करूँगा।''

''तो सुनो, तुम टोपी मत बेचो। देखो, आओ मेरे पास। इन टोपियों पर हवाला, बोफोर्स, यूरिया, चारा, चीनी, अलकतरा, टू-जी आदि-आदि के कितने दाग लगे हैं। तुम जिनके हाथों यह टोपी बेचते हो, वे इससे सिर छिपाते हैं, लेकिन उनके सिर में लगे दाग टोपी जैसे मर्यादित आवरण को कोयले की कालिमा से कलंकित कर देते हैं, जो नंगे हैं उन्हें अपादमस्तक नंगा ही रहने दो।''

फिर बूढ़े बंदर ने पेड़ पर बैठे बंदरों से कहा, ''टोपी वापस कर दो।''

और बंदरों ने टोपी फेंकी नहीं, वरन् वे एक-एक कर नीचे आए और टोपी को सहेजकर टोकरी में रखते गए।

टोपीवाला सारी टोपियाँ लिये घर वापस लौट गया।

□

अथ सामाजिक न्याय गाथा

सियार फिर नील से भरे नाद में गिर गया। निकलने पर नीलवर्ण शरीर देखकर उसे चिंता हुई कि घर जाकर क्या जवाब देगा। तरह-तरह के प्रश्न पूछे जाएँगे। कैसे हुआ? कहाँ हुआ? क्या करने गए थे? ढेर सारे प्रश्न पत्नी, बच्चे और जंगल के लोग करेंगे।

इसी चिंता में धीरे-धीरे सियार जंगल की ओर जा रहा था। ज्यों ही जंगल के प्रवेश द्वार पर पहुँचा कि जंगली जानवरों में भगदड़ मच गई। जो भी उसे देखता था, डर के मारे बेतहाशा भागता था। कुछ जानवर झाड़ियों की ओट में छिपकर कनखियों से झाँक रहे थे। सबसे अधिक आश्चर्य उसे तब हुआ, जब हाथी ने भी उसको देखकर सड़क के किनारे होकर रास्ता दे दिया।

जब वह घर पहुँचा तो उसका बच्चा भी उसे देखकर चिल्लाते हुए घर में घुस गया। पत्नी पूछ बैठी, आप कौन हैं? कहाँ से आए हैं? किसको खोज रहे हैं? मालिक घर पर नहीं हैं। ऐसे ढेर सारे प्रश्नों को सुनकर उसे विश्वास हो गया कि जरूर उसमें कुछ विशेषता आ गई है, जिसके चलते सारे जंगली जानवर उससे भयभीत हो रहे हैं।

अत: उसने अपनी गंभीर मुद्रा बनाते हुए कहा, "मैं सीधे देवलोक से आ रहा हूँ। जंगल में सांप्रदायिकता मिटाना मेरा पहला कार्य होगा। मैं धर्मनिरपेक्ष जंगल राज का निर्माण करूँगा।

सामाजिक न्याय के लिए अंतिम दम तक लड़ूँगा। इसके लिए मुझे अपनी कुरबानी ही क्यों न देनी पड़े।"

गधे ने हिम्मत करके पूछ लिया, "महामना क्या मैं आपका शुभनाम पूछ सकता हूँ?"

"वत्स, मेरा नाम रंगास्वामी है और मैं 'वाय' समीकरण द्वारा जंगल का सामंतीराज समाप्त करने का संकल्प लेकर आया हूँ।"

दूसरे दिन रंगास्वामी की चर्चा जंगल में आग की तरह फैल गई। जगह-जगह तोरण द्वार बनाए गए। जंगल के बीच भव्य मंच का निर्माण हुआ। ध्वनि विस्तारक यंत्र द्वारा स्वामीजी का विस्तार से गुणगान किया गया।

धीरे-धीरे पंडाल जंगली जीवों से भर गया। बड़े ही आदर और सम्मान के साथ रंगास्वामीजी मंच पर लाए गए। फूलमालाओं से स्वामीजी लद गए। पंडाल में बैठे जानवरों की जयकार से जंगल गूँज उठा। उसके बाद मंच संचालक उल्लू ने गधे को स्वागत गान के लिए बुलाया। गधे के सस्वर स्वागत गान से श्रोता झूम उठे।

अपने गले से माला उतारकर स्वामीजी ने गधे को पहनाई और वन प्राणियों को संबोधित करते हुए कहा, "मेरे जिगर के टुकड़ो! आप लोग जंगल से राजतंत्र मिटाने में मुझे अपना सहयोग दीजिए। मैं राजतंत्र मिटाकर जंगल में प्रजातंत्र लाने के लिए कटिबद्ध हूँ। आप जानते हैं कि बिहार में जंगलराज की घोषणा न्यायालय भी कर चुका है, जहाँ फुल फ्लेज्ड प्रजातंत्र चल रहा है और रियल जंगल में शेर का राजतंत्र चले, यह कहाँ का सामाजिक न्याय है? मैं शोषितों, दलितों, महादलितों और अल्पसंख्यकों के उत्थान के लिए अपने जिस्म का एक-एक कतरा खून बहा दूँगा।"

इतना सुनते ही पंडाल, "रंगास्वामी जिंदाबाद-जिंदाबाद" नारों से गूँज उठा।

हिरन, चीतल, जंगली भैंसे आदि जानवरों में प्रसन्नता की लहर दौड़ गई।

लेकिन गधे ने रंगास्वामी से माइक झपटते हुए पूछा, "स्वामीजी! एक बात तो बताइए, प्रजातंत्र होने पर शेर, चीता, बाघ और अन्य मांसाहारी जीव खाएगा क्या? ये सभी जीव मांस के बिना तो जीवित रह ही नहीं सकते।

चील झपट्टा मारकर माइक छीनते हुए बोली, "जब आदमी जानवर का चारा खाने लगा है, तो शेर और चीता किस खेत की मूली हैं। उसके भोजन का ठेका क्या हम सब ने ही ले रखा है। अगर उसे मांस ही खाना है, तो हम गिद्धों की तरह मरे हुए जानवरों को खाए। अब तक जो हुआ सो हुआ। अब धांधली नहीं चलेगी, नहीं चलेगी।"

चील की इस उद्घोषणा ने मुर्दे में भी जान डाल दी। गिद्ध, कौआ और लोमड़ी ने भी इस प्रस्ताव का जोरदार समर्थन किया।

"चील बहना जिंदाबाद-जिंदाबाद" के नारे से फिर जंगल गूँज उठा। गिद्ध को अपने पूर्वज जटायु के बलिदान का खयाल आया। ऊँट और जिराफ को अपनी ऊँचाई का ज्ञान हुआ और हाथी को अपने पूर्वज ऐरावत का खयाल आते ही वह मंच की ओर बढ़ा और रंगास्वामी को अपनी सूँड़ में लपेटकर अपनी पीठ पर बैठाते हुए बोला, "भाइयो और बहनो! हमें एक न एक दिन मरना है। लेकिन इस संत्रास और घुटन से घुट-घुटकर मरने से अच्छा है, शहीदों की तरह हँसते हुए मरना। चलो, आज शेर को बता दें कि उसकी औकात क्या है ?"

इतना सुनते ही पंडाल के सारे जानवर खड़े हो गए। सभी गजराज के पीछे-पीछे चलने लगे।

माइक से नारा लग रहा था—"तानाशाही नहीं चलेगी, नहीं चलेगी। खून का बदला खून से लेंगे", आदि-आदि। लेकिन रंगास्वामी को तो चतुर्दिक अँधेरा-ही-अँधेरा दिखाई दे रहा था। उसे तो लग रहा था, जैसे सजायाफ्ता कैदी को फाँसी घर की ओर ले जा रहे हैं। लेकिन वह कर भी क्या सकता था।

इतने में भीड़ शेर की माँद के पास पहुँच गई। जोर-शोर से नारे लगने लगे—

"तानाशाही नहीं चलेगी, नहीं चलेगी, नहीं चलेगी।
तुम शेर हो, तो हम सवा सेर हैं।
खून का बदला खून से लेंगे", आदि-आदि नारों से आकाश गूँज उठा।

उधर शेर की माँद में भालू, चीता, बाघ आदि शेर से कह रहे हैं—

''राजा साहब! यह सब क्या हो रहा है। दरवाजे पर चढ़कर चीलर-मच्छर चैलेंज कर रहे हैं और आप कान में तेल डालकर सो रहे हैं। यह तो ऐसा ही हुआ कि रोम जल रहा था और नीरो बंसी बजा रहे थे।''

शेर ने कहा, ''आप लोग शांत रहें। आज मैं महाभारत के युद्ध की तहर भीष्म पितामह की स्थिति में खड़ा हूँ। शिखंडी सामने खड़ा था और दुर्योधन युद्ध के लिए कह रहा था। मैं अगर एक झापड़ लगा दूँगा, तो इस रँगे सियार के चीथड़े उड़ जाएँगे। लेकिन आज मैं इसे कुछ कहूँगा नहीं। आज इसे अगर मैं मार दूँगा तो इसके वंशज पीढ़ी-दर-पीढ़ी कहेंगे कि मेरे बाबा शेर से लड़ते हुए शहीद हुए, जिसकी साक्षी यह भीड़ होगी। अत: सामाजिक न्याय के तहत इन्हें चिल्लाने दो। इनके चिल्लाने को अगर राजा सुनते तो हिंदुस्तान की स्थिति ऐसी नहीं होती।

इधर, जुलूस जश्न मना रहा था कि रंगास्वामीजी ने हमें सामाजिक न्याय दिलवा दिया।

□

भीड़ का मर्म

आलाकमान का स्पष्ट आदेश था कि उनकी पार्टी के जो एम.एल.ए. और एम.पी. अधिक-से-अधिक भीड़ गांधी मैदान में जुटाएँगे, उन्हें ही पार्टी अगले चुनाव में टिकट देगी। फलस्वरूप जीप, कार, बस, ट्रेक्टर और रेलगाड़ी से भीड़ ढोयी जा रही है। लोगों से कहा गया है कि पटना पहुँचने पर उन्हें धोती, कंबल, साड़ी और नगद पाँच सौ रुपए दिए जाएँगे।

और सचमुच पटना का नजारा ही कुछ और था। पूरे गांधी मैदान में पंडाल लगे थे। नजरें जहाँ तक पहुँच पाती थीं, केवल सिर-ही-सिर दिखाई दे रहे थे। लोगों को भोजन के पैकेट बाँटे जा रहे थे। लाउडस्पीकर से तरह-तरह के दिशा-निर्देश दिए जा रहे थे।

क्या युवा और क्या बूढ़ा, हर हाथ में बंदूक, रायफल और ए.के. 47 थी। आई.जी. का आदेश था कि अनारचंदजी को टच नहीं किया जाए। आलाकमान आज उनका नागरिक अभिनंदन करेंगे। ध्यातव्य है कि इसी अनारचंदजी को देखते ही गोली मारने का आदेश था।

थोड़ी देर के बाद मंच पर अफरा-तफरी मच गई। लाउडस्पीकर चिल्ला उठा, आप लोग शांति से बैठ जाएँ। आलाकमान पधार रहे हैं और सचमुच आलाकमान सदल-बल मंच पर पहुँच गए।

लोगों में माला पहनाने की होड़ मच गई। पार्श्व में अनारचंदजी एक क्विंटल की माला लिये भीड़ हटने का इंतजार कर रहे थे। हथियारबंद लोगों ने उस वजनदार माला को उठाया और आलाकमान के गले में डाल दिया।

भीड़ चिल्ला उठी—"अनारचंद भैया जिंदाबाद, आलाकमान जिंदाबाद।" पंडाल तालियों की गड़गड़ाहट से गूँज उठा।

आलाकमान ने अनारचंद की भूरि-भूरि प्रशंसा की और अपने गले की माला अनारचंद को पहना दिया। भीड़ फिर चिल्ला उठी—"अनारचंद भैया-जिंदाबाद।" भीड़ की आवाज सुनकर आसपास जमे कुत्तों ने भी भौंकना शुरू कर दिया।

मंच के पास कुत्तों का भूकना सुनकर आलाकमान का गुस्सा परवान चढ़ गया और बिगड़ते हुए उन्होंने एस.पी. से कहा—"भकुआ की तरह क्या देख रहा है। भगाओ इन कुत्तों को अन्यथा अपना बोरिया-बिस्तर समेटकर अपने उड़ीसा कैडर के लिए तैयार हो जाओ।"

एस.पी. साहब अपने पूरे महकमे के साथ कुत्तों पर पिल पड़े। जवान कुत्ते तो छलाँग लगाते हुए भाग निकले, लेकिन अस्सी फीसदी कुत्तों में से किसी की टाँग टूट गई, तो किसी का पसली फ्रैक्चर हो गई। कितने लहूलुहान होकर छटपटा रहे थे। पूरे पंडाल में भगदड़ मच गई। कुछ कुत्ते जो छत पर तमाशबीन बनकर नजारा देख रहे थे, आपस में बतिया रहे थे—"अच्छा हुआ, आए थे धोती और कंबल लेने। सन् सैंतालीस से जिसने भरपेट पानी नहीं दिया, उससे धोती और कंबल की उम्मीद करते हैं।"

अगले दिन पेपर में आलाकमान का बयान आया, "विरोधी पार्टियों की साजिश के चलते 'रापद' की सभा में हंगामा। हम सी.बी.आई. से जाँच करवाएँगे। दिवंगत कुत्तों को एक-एक लाख रुपए का मुआवजा और आश्रितों को सरकारी नौकरी देंगे।

□

संरक्षण

कलुआ के आतंक से पूरा तंत्र परेशान है। पिछले दिनों पकिलपार नहर के पास उसने एक दर्जन सवर्ण युवकों को लाइन में खड़ा करके गोली से उड़ा दिया।

आज मुख्यमंत्रीजी आए हैं। उन्होंने मृतकों के परिवार से मिलकर उन्हें पाँच-पाँच लाख रुपए उनके आश्रितों को देने की घोषणा की है। साथ ही परिवार के एक सदस्य को सरकारी नौकरी देने की घोषणा भी हुई है।

इधर एस.पी. साहब ने भी मधेपुरा, बिहारीगंज, सिंहेश्वर और मुरलीगंज के थाना प्रभारियों को संयुक्त अभियान के लिए कह दिया है।

लेकिन पंद्रह दिनों के बाद भी कोई नहीं पकड़ा गया। कोई कहता है कि पूरा गैंग नेपाल चला गया है। कोई कहता है कि अंडरग्राउंड हो गया है। जितने मुँह, उतनी बातें।

मैंने दारोगाजी से पूछा—

"सर! आप लोग दिन-रात एक किए हुए हैं, फिर भी एक भी अपराधी पकड़ा नहीं गया। आखिर कहाँ चले गए सब?"

"क्या आप नहीं जानते हैं कि वे कहाँ हैं।" दारोगाजी ने कहा।

"सर! लोगों में चर्चा है कि सभी पटना में एम.एल.ए. क्वार्टर में हैं।" मैंने कहा।

"फिर मुझसे क्यों पूछते हो?" दारोगाजी ने कहा।

□

बड़ी सोच

आज फिर जंगल में आग लग गई। जंगल के सारे जीव-जंतु भाग रहे थे। शेर की दहाड़ और हाथी की चिंघाड़ से वातावरण और भी भयानक हो उठा था। निकट ही बस्ती के लोग आग बुझाने का भरसक प्रयास कर रहे थे।

एक छोटी चिड़िया भी अपनी चोंच में पानी भरकर लाती और जलते जंगल पर पानी डालकर पुनः तालाब की ओर उड़ जाती थी।

दूर बैठा गिद्ध यह सबकुछ देख रहा था। उसने चिड़िया को रोकते हुए पूछा, ''यह तुम क्या कर रही हो? क्या तुम्हारी चोंच भर पानी से जंगल की आग बुझ जाएगी?''

चिड़िया ने कहा, ''जब भगवान राम समुद्र में सेतु का निर्माण कर रहे थे, तो एक गिलहरी बालू में लोट-पोटकर समुद्र में डुबकी लगाती थी, तो क्या उतने बालू से सेतु बन गया था? बल्कि वह अपनी क्षमता भर सेतु निर्माण में अपना योगदान दे रही थी।''

उसी तरह मैं भी क्षमता भर प्रयास कर रही हूँ ताकि इतिहास आग बुझाने वालों में सच देखे। जंगल में आग लगानेवालों में नहीं।

□

शक्ति परीक्षण

आठ दिन से बाघ घास लाते-लाते परेशान है। आज जब शेर ने उसे बुलाया, तो उसने स्पष्ट कह दिया कि अब मैं घास लाने नहीं जाऊँगा।

शेर ने कहा, ''तुम लोगों की इसी नासमझी के कारण हाथी जैसा भारी-भरकम शरीर वाला जानवर पाँच फीट के आदमी की गुलामी करता है। कितना समझाया तुम लोगों को कि सिर्फ पाँच दिन तक भूखे रहो। लेकिन कोई नहीं सुन रहा है। जाकर देखो, दिल्ली में। अन्ना हजारे ग्यारह दिन से सिर्फ पानी पीकर अनशन पर बैठे हैं और एक तुम लोग हो, जो दो-चार दिन भी भूख बरदाश्त नहीं कर सकते। ऐसे प्रजातंत्र नहीं चलता है। हर पाँच वर्ष के बाद मैं गधा और उल्लू का भी पाँव छूकर आशीर्वाद माँगता हूँ और चुनाव जीतने पर इसी पाँव से उन्हें रौंदता हूँ। अतः जाओ। हटिया पर एक लबनी ताड़ारिष्ट पी लेना और डाबर की दुकान से एक बोतल घासारिष्ट इस बकरी के लिए खरीद लेना। कल जंगल की संसद् में शक्ति परीक्षण है। इस बकरी के एक वोट से ही हमारी सरकार बचेगी। अगर यह निकल गई, तो वाजपेयीजी की सरकार की तरह एक वोट से हमारी सरकार भी गिर जाएगी। इसलिए कल तक इस बकरी की सेवा करो, फिर पाँच वर्षों तक तो इसी की पीढ़ी को खाना है। बाघ, प्रजातंत्र में सत्ता की नीति सुनकर खुश हो गया और पूछा—''घास कितना लाएँगे?''

शेर ने कहा—''जितना लाते थे।''

□

बिहार बनाम नरक

कल ही कलुआ की मौत हुई और यमराज ने उसे चित्रगुप्त महाराज के ऑफिस के सामने लाकर पटक दिया। वहाँ की लंबी लाइन देखकर कलुआ ने यमराज से पूछा, "हुजूर! यहाँ इतनी लंबी लाइन क्यों लगी है ?"

यमराज ने कहा, "बेटा! अब तुम भी इस लाइन में लग जाओ। ये वे लोग खड़े हैं, जो तुमसे पहले मरे हैं। सभी चित्रगुप्त महाराज के सामने उपस्थित होकर स्वर्ग या नरक का आदेश प्राप्त करेंगे।"

कलुआ ने कहा, "हुजूर, आप तो जानते हैं कि मैं डायरिया से मरा हूँ। यहाँ न तो कहीं पाइप दिखाई देता है और न शौचालय। अगर शौच लग गया, तो मैं कहाँ जाऊँगा ?

यमराज ने कहा, "घबराओ मत। हर मर्ज की दवा है। मुट्ठी में पैसा रखो और तमाशा देखो और तुम तो बिहार से आए हो, तुम्हें तो सारी जानकारी है।" इतना कहकर यमराजजी चलते बने।

कुछ ही देर बाद ढेर सारे सिपाही कंधे पर रायफल लटकाए उसी मुद्रा में पहुँचे जैसे रेलगाड़ी में सब्जीवाली टोकरी तलाश रहे हों। कलुआ ने अंदाज लगाया कि मरने के पूर्व ये लोग जरूर जी.आर.पी. में रहे होंगे। अत: पॉकेट में हाथ डालकर पचास पैसे का सिक्का मुट्ठी में रखा। सिपाही जब नजदीक आया तो अठन्नी दिखाते हुए एक पुलिसवाले से पूछा, "हुजूर! शौचालय किधर है ?"

रोब गाँठते हुए पुलिसवाला बोला, "अरे बेबकूफ, अठन्नी में शौचालय

खोजता है? हम लोगों को बिहार पुलिस समझता है। हम लोग इंसपेक्टर मातादीन के साथ चाँद पर आए हैं। इसलिए उस्ताद से उस्तादी मत दिखाओ। रुपया है तो निकाल, अन्यथा पेट में ही सड़ा।''

कलुआ भी जीवन भर पुलिस गिरफ्त में रहा था। इसलिए पुलिस का पैंतरा समझ रहा था। उसने एक अठन्नी और निकालकर रुपया बनाते हुए पुलिस के हाथों थमाते हुए खीसे निपोर दी।

एक रुपए ने चमत्कार कर दिया। पुलिसवाला बोला, ''तुम यहीं रुको। हम जा रहे हैं। पाँच मिनट बाद तुम्हारा नाम पुकारा जाएगा। तुम डायरेक्ट चित्रगुप्त महाराज के सामने जाकर खड़े हो जाना। वहाँ बगल में काले कोट पहने वकील खड़े दिखाई देंगे। उनको जैसा पेशकार साहब कहेंगे, उतनी फीस देकर अपना भविष्य सुरक्षित कर लेना अन्यथा यहाँ भी नरक भोगोगे।''

कलुआ शौचालय की बात भूल गया। वह स्वर्ग-नरक, वकील, पेशकार और चित्रगुप्त महाराज की बात सोचने लगा।

इसी बीच पुकार हुई, ''कालू! हाजिर हो।''

कलुआ ने मन-ही-मन कहा, ''हे भगवान्! धरती से आसमान तक आपकी एक ही व्यवस्था है। पैसा फेंको, तमाशा देखो। मैं अपनी पारी के लिए अगले सप्ताह की बात सोच रहा था और एक रुपए ने तुरंत बुलाहट का रास्ता क्लियर कर दिया।

इतने में फिर पुकार हुई, ''बिहार से आया हुआ कालू हाजिर हो।''

कालू की तंद्रा भंग हुई और वह किसी तरह भीड़ को ठेलते हुए चित्रगुप्त महाराज के सामने उपस्थित हो गया। लेकिन वहाँ पहुँचने पर, जब उसने सामने खड़े वकील साहब को देखा, तो दो-चार बार अपनी आँखें भींची, क्योंकि यहाँ तो मधेपुरा कोर्ट का उसका अपना वकील पहले से हाजिर था। उसने सोचा, 'हे भगवान्! यह तो मुझसे भी पहले आ गया है। यहाँ भी दस टकिया लिये बिना कुछ नहीं सुनेगा।' इसलिए पाँच-पाँच के दो नोट निकालकर हाथ में रख लिये और सोचने लगा कि 'अपने जीवनकाल में जितनी डकैती, अपहरण और राहजनी से जो कुछ अर्जित किया, उसका साठ फीसदी मधेपुरा कोर्ट-कचहरी से पटना हाईकोर्ट तक वकील और पेशकार

को ही देने में चला गया और मरकर भी उसी का चक्कर है। हे भगवान्! मरकर भी चैन नहीं मिला, तो अब कहाँ जाएँगे।'

इसी बीच सिपाहीजी ने दोनों हाथ उठाकर दसों उँगलियों का इशारा किया। कोर्ट-कचहरी के अभ्यस्त कालू ने पाँच का नोट पेशकार को और पाँच का नोट वकील साहब को देकर हाथ जोड़ लिये।

इसके बाद चित्रगुप्त महाराज ने कलुआ की केस हिस्टरी पढ़नी शुरू की। छब्बीस डकैतियाँ, तीस मर्डर, बीस अपहरण और बलात्कार, राहजनी और लूट-पाट की घटना अनगिनत।

अत: इसे डायरेक्ट नरक में ठेल दिया जाए।

वकील साहब ने कहा, ''मी लॉर्ड! इन अपराधों के एवज में मेरा मुवक्किल पूरी जिंदगी बिहार में रहकर सजा काट चुका है। वह भी साल दो साल नहीं, पूरे जीवन काल, आजन्म कारावास। बिहार के सिवा अन्यत्र कहीं नहीं गया।''

न्याय की कुरसी पर बैठे भगवानजी ने चित्रगुप्त महाराज से पूछा, ''क्या पेशकारजी वकील साहब ठीक कह रहे हैं?''

चित्रगुप्तजी ने कहा, ''जी सर! रिकॉर्ड तो यही कहता है।''

भगवान् ने कुछ देर बाद फैसला सुनाया—

''मुजरिम का अपराध अक्षम्य है। लेकिन मैं इसके धैर्य और साहस की सराहना करता हूँ कि वह कभी दिल्ली, पंजाब या हरियाणा नहीं गया और पूरी जिंदगी बिहार (नरक) में गुजार दिया। अत: इसे पुन: नरक नहीं भेजा जाए। मैं इसे बाइज्जत स्वर्ग भेजने का आदेश देता हूँ।''

इतना सुनते ही सिपाही कलुआ को चित्रगुप्तजी के पास ले गया और कहा, ''साहब को जल्दी सलामी पेश करो। अब कमरा हुजूर ही अलॉट करेंगे। चल, मरकर ए.सी. कमरे का सुख भोग ले।''

कलुआ के पास दस रुपए की रेजगारी थी। उसने आठ रुपए उसे देकर, दो रुपए खैनी के लिए रख लिये और स्वर्ग का पुर्जा लेकर चलता बना।

□

आदमी और परिंदा

मोटरसाइकिल की तेज रफ्तार देखकर ही लोगों को अनुमान हो गया था कि इस मोटरसाइकिल का एक्सीडेंट होना निश्चित है और वह दुर्गाथान चौक पर एक रिक्शे से सीधी टकरा गई। देव संयोग कहिए कि मोटरसाइकिल वाले को खरोंच तक नहीं आई, लेकिन रिक्शेवाले के रिक्शे का अगला चक्का बनने लायक भी नहीं रहा।

भीड़ जमा हो गई। लोगों ने समझा मोटरसाइकिल वाला भाग जाएगा। लेकिन उसने दस कदम दूर जाकर मोटरसाइकिल को खड़ा किया और पास आकर रिक्शेवाले को चार-पाँच चप्पल मारते हुए कहा, ''बेहूदा, रिक्शा आँख बंद करके चलाते हो।''

और इतना कहकर मोटरसाइकिल स्टार्ट करके चलता बना।

पीछे भीड़ कहने लगी कि रिक्शेवाले की कोई गलती नहीं है।

इतने में एक कौआ बिजली के पोल से गिरकर छटपटाने लगा। लोगों ने कहा कि करंट लगा है।

पता नहीं कहाँ से हजारों कौए काँव-काँव करते हुए वहाँ पहुँच गए और उस कौए के चतुर्दिक मँडराने लगे। कुछ कौए उस मृत कौए को अपनी चोंच से खींचकर दूर ले जाना चाह रहे थे, जैसे वे उसकी परिचर्या करना चाह रहे थे।

□

संक्षेपण

पहले उत्तर-पुस्तिकाएँ परीक्षकों के घर पर भेजी जाती थीं। अब मूल्यांकन केंद्र बनाए जाते हैं, जहाँ परीक्षकों को जाकर उत्तर-पुस्तिकाएँ जाँचनी पड़ती हैं।

मैं, मधेपुरा मूल्यांकन केंद्र पर हिंदी की उत्तर-पुस्तिकाएँ जाँच रहा था। इस क्रम में कभी-कभी दस-बीस के नोट भी पिनअप किए मिल जात थे। कभी-कभी बड़ा मर्मस्पर्शी पत्र भी लिखा मिलता था—

"सर! मेरी शादी पक्की हो गई है। लेकिन वर पक्ष का कहना है कि लड़की का मैट्रिक पास होना जरूरी है। अन्यथा यह शादी नहीं होगी। सर! मैं आपकी बेटी के समान हूँ। आप इस विषय में मुझे पास कर दें अन्यथा मैं आत्महत्या कर लूँगी।" ऐसे कई तरह के पत्र, उत्तर-पुस्तिकाओं में मिलते थे।

लेकिन आज का संदर्भ अनोखा और भिन्न था।

पहले मैं प्रश्न बता दूँ कि क्या था—

प्रश्न संख्या 26

निम्नलिखित अवतरण का संक्षेपण करें—

"भ्रष्टाचार में आकंठ डूबा देश, जिसके एक राज्य में प्रतिदिन 50 व्यक्तियों की हत्या, 60 महिलाओं के साथ बलात्कार, 25 लोगों का अपहरण और जाति के नाम पर दंगे होते हैं। आखिर इस मर्ज की दवा क्या है?"

इसका संक्षेपण एक छात्र ने जो किया उसकी हू-ब-हू नकल पेश कर रहा हूँ—

"इस अवतरण का संक्षेपण नहीं किया जा सकता। क्योंकि अवतरण के आँकड़े स्वयं संक्षिप्त हैं। इससे कई गुना अधिक हत्या, बलात्कार, अपहरण और जातीय दंगे यहाँ रोज होते हैं। उपर्युक्त सरकारी आँकड़े हैं (जो मूलत: झूठे होते हैं), जिसे संक्षिप्त किए जाने पर सरकार की तौहीन होगी।"

विनम्रता के साथ

आपका छात्र

मैंने इस कॉपी को प्रधान परीक्षक को देते हुए पूछा, "सर! इस संक्षेपण को पढ़कर आप ही बताएँ कि हम क्या करें?"

प्रधान परीक्षक ने संक्षेपण को पढ़कर, सभी शिक्षकों को सुनाया और मुझसे कहा, "इसे फुलमार्क्स (पूर्ण प्राप्तांक) दीजिए। इसने सच बोलने की हिम्मत तो की है।"

□

गांधीवादी

प्रतिदिन हत्या, अपहरण, लूट और बलात्कार की बढ़ोतरी देखकर गाँव के संभ्रांत लोगों ने आपस में विमर्श किया कि क्यों न हम लोग अपने एम.एल.ए. साहब (जो मंत्रीजी भी हैं) से सारी बातें कहकर अपनी समस्याएँ उनके सामने रखें।

सभी एम.एल.ए. साहब के आवास पर गए। पी.ए. ने स्पष्ट कह दिया कि जो कुछ भी कहना है, लिखकर दे दीजिए। अभी मंत्रीजी विश्राम कर रहे हैं। लेकिन जब ये लोग अड़ गए कि बिना मिले हम लोग नहीं जाएँगे, तब मिलने दिया गया।

लोगों ने कुछ अपनी, कुछ गाँव की समस्याएँ सुनाईं।

दिन-दहाड़े घरों से जवान बेटियाँ उठा ली जाती हैं। दिन-दहाड़े चौक-चौराहे पर गोली मार दी जाती है। बम ब्लास्ट कर गाँव में आतंक फैलाया जाता है आदि-आदि समस्याएँ ग्रामीणों ने मंत्रीजी के समक्ष रखीं।

मंत्रीजी अपनी आँख बंद किए पूरी बात सुनते रहे।

अंत में पी.ए. ने कहा, "आप जानते हैं कि मंत्रीजी गांधीवादी नेता हैं। ये न तो बुरा सुनते हैं, न बुरा देखते हैं और न बुरा बोलते हैं। सिर्फ हर पाँच वर्ष पर देखते, बोलते और सुनते हैं।"

□

तुलसी जयंती और नेताजी

विद्यालय में तुलसी जयंती के कार्यक्रम के चलते विद्यालय को विशेष रूप से सजाया गया है। छात्र-छात्राओं के गणवेश में होने के कारण विद्यालय के सौंदर्य में चार चाँद लग गया है।

कार्यक्रम का शुभारंभ सुबह के दस बजे निर्धारित था, लेकिन दोपहर के दो बज गए हैं और मंत्रीजी की प्रतीक्षा में कार्यक्रम रुका हुआ है। उद्घाटनकर्ता मंत्रीजी ही हैं।

उधर पंडाल में बैठे हुए लोग धीरे-धीरे जाने लगे हैं। उद्घोषक बार-बार लोगों से बैठने का आग्रह कर रहा है। इतने में एक लाल रंग की स्कार्पियो गाड़ी दिखी और उद्घोषक से माइक लेकर एक स्थानीय नेता ने उद्घोषणा की—"प्यारे भाइयो! मंत्रीजी बलुआहा पुल पार कर गए हैं। चंद मिनटों में विद्यालय पहुँच जाएँगे। कृपया बैठ जाइए।"

और सचमुच दस मिनट के बाद मंत्रीजी सदल-बल पहुँच गए। माइक से स्थानीय नेता चिल्ला उठा, "विजय प्रकाश यादव जिंदाबाद-जिंदाबाद। शिक्षा मंत्री जिंदाबाद-जिंदाबाद" और मंच पर माला पहनाने की होड़ लग गई। कुछ लोगों ने अपना फोटोग्राफर नियुक्त कर रखा था कि जब वे मंत्रीजी को माला पहनाएँगे तो उनकी फोटो खींच ली जाए। किसी स्थानीय नेता ने प्रेस रिपोर्टर को खिला-पिलाकर सेट कर रखा था कि कल के पेपर में उनका मंत्रीजी के साथ फोटो छपना चाहिए। तरह-तरह के हथकंडे अपनाए जा रहे थे।

लेकिन धैर्य की भी सीमा होती है। दर्शक-दीर्घा से आवाज आई, ''सन् 1947 से भाषण और आश्वासन सुनते-सुनते मेरे कान पक गए हैं।''

इतना सुनते ही पुलिस के जवान दौड़ पड़े। ''कौन बोला?'' यह प्रश्न यक्ष प्रश्न बन गया।

लेकिन मंत्रीजी ने समय, काल और परिस्थिति का मुआयना करते हुए कहा, ''आज तुलसी जयंती है। हमारे बीच उपस्थित सभी लोग तुलसी की महत्ता जानते हैं। इसीलिए हर आँगन में लोग तुलसी का पौधा लगाते हैं। जब मैं बच्चा था तो सर्दी होने पर मेरी माँ तुलसी का काढ़ा पिलाती थी। तुलसी अनेक रोगों की अचूक दवा है। बाबा रामदेव ने कहा है कि जिसे कैंसर हो गया है वह तुलसी के पाँच पत्ते रोज खाए, देखिए कैंसर कैसे भागता है। आपको अगर तुलसी के बारे में अधिक जानना हो तो फिल्म 'मैं तुलसी तेरे आँगन की' जरूर देखें।''

इतना कहकर मंत्रीजी ने तुलसी पर अपना भाषण समाप्त किया और सदल-बल प्रस्थान कर गए। भीड़ 'शिक्षामंत्री जिंदाबाद' का नारा तब तक लगाती रही, जब तक उनकी गाड़ी आँखों से ओझल नहीं हो गई।

सभा में बैठे बुद्धिजीवियों ने कहा, ''बस स्टैंड का किरानी शिक्षा मंत्री हो गया है। भगवान बचाए बिहार की शिक्षा को।''

दूसरे ने कहा, ''जब मुख्यमंत्री ही अँगूठा छाप हो, तो उसके शिक्षा मंत्री की क्या बिसात!''

आम आदमी ने कहा, ''शिक्षा मंत्री तुलसी पर बहुत अच्छा बोले।''

□

माँ, बेटा और पत्नी

बेटा बीमार है। माँ तीन दिन से कभी डॉक्टर, कभी तांत्रिक, कभी देवी स्थानों का चक्कर लगा रही है। लोगों ने कहा कि कटही गाँव में एक कुआँ है, जिसका पानी पीने से कोई भी रोग छूट जाता है, तो कटही से भी पानी ले आई है।

वैद्यजी की दवा भी समय पर पिला रही है। लेकिन दवा और दुआ का कोई असर नहीं दिखाई दे रहा है। क्या करे कुछ समझ नहीं पा रही है।

लाचार होकर फिर वैद्यजी के पास गई तो उन्होंने एक पुड़िया में दवा बनाकर देते हुए कहा, ''रात के बारह बजे इस दवा को गरम पानी में घोलकर बेटे को पिला देना।''

बेचारी जब से दवा लेकर आई है, रात के बारह बजने का बेसब्री से इंतजार कर रही है और रात्रि में बेटे के सिरहाने जाकर जमीन पर बैठ गई, क्योंकि दूर जाकर सोने से कहीं नींद आ गई तो...

लेकिन पता नहीं कब आँख लग गई। मध्य रात्रि में एकाएक आँख खुलने पर चिल्ला उठी, ''बहू! जरा एक गिलास गरम पानी दो।''

खाट पर लेटे बीमार बेटे ने कहा, ''क्यों उसे तंग करती हो माँ। दिनभर बेचारी मेरे पास बैठी रही है। थक गई होगी। इतना छोटा सा काम तो तुम खुद भी कर सकती हो।''

माँ उठी और चुपचाप पानी गरम करने के लिए रसोईघर की ओर चल पड़ी।

□

एकाग्रता की जाँच

कुटिया से आवाज आई, "अजी, सुनते हो! घर में एक बूँद भी मिट्टी का तेल नहीं है। शाम को यह मत कहिएगा कि दिन में क्यों नहीं बताया।"

पत्नी की अग्रिम सूचना सुनकर द्रोणाचार्य ने पांडवों को बुलाया और पूछा, "तुम में से कौन जनवितरण प्रणाली की दुकान देख पा रहा है?"

पांडवों ने दूर-दूर तक देखा। कहीं भी जनवितरण प्रणाली की दुकान दिखाई नहीं दी। सिर्फ अर्जुन ने कहा, "गुरुदेव! मैं जनवितरण प्रणाली की दुकान देख पा रहा हूँ। दुकान के आगे लंबी लाइन लगी है। आगे एक बोर्ड टँगा है, जिस पर लिखा है, मिट्टी के तेल का स्टॉक निल है। "लेकिन पिछले दरवाजे से गैलन भर-भरकर चालीस रुपए प्रतिलीटर की दर से तेल की सप्लाई हो रही है।

इतना सुनते ही भीम आग-बबूला हो उठा। अपनी गदा उठाते हुए अर्जुन से कहा, "भाई, यह तो बता कि यह दुकान किधर है। मैं उसकी हड्डी-पसली एक कर दूँगा।"

गुरु द्रोण ने कहा, "नहीं भीम। उसे कुछ कहने पर तुम पर राजद्रोह का मुकदमा चल सकता है। तुम लोग जेल भी जा सकते हो, क्योंकि शासन अंधा है।"

"आप ही तो कहते थे गुरुदेव कि अधिकार पाकर बैठे रहना, यह महा दुष्कर्म है, न्यायार्थ अपने बंधुओं को दंड देना धर्म है।"

युधिष्ठिर ने कहा, ''भीम! गुरुदेव से तर्क-वितर्क मत करो। गुरु आज्ञा का पालन ही धर्म है। इसलिए चुपचाप इनके आदेश की प्रतीक्षा करो।''

भीम चुपचाप बैठ गया।

इस वार्त्तालाप की खबर तुरंत दुर्योधन को मिल गई। दुर्योधन ने जनवितरण प्रणाली के दुकानदार को आदेश दिया कि पाँच गैलन मिट्टी का तेल द्रोणाचार्यजी की कुटी में भेज दो।

दुकानदार ने कहा, ''महाराज, पाँच गैलन का मतलब है, आज की कमाई बराबर हो गई।''

''तुम इस गूढ़ रहस्य को नहीं समझोगे। ब्लेक मार्केटिंग का पहला सिद्धांत है, आवाज उठानेवाले का मुँह बंद करो, अन्यथा अनहोनी झेलने को तैयार रहो। आज अगर भीम का मुँह बंद नहीं किया जाता तो क्या होता जानते हो?''

दुकानदार बोला, ''समझ गया महाराज।'' और तत्क्षण पाँच गैलन मिट्टी का तेल द्रोणाचार्यजी के आश्रम में पहुँच गया।

गुरु द्रोण ने तेल पहुँचाने वाले से पूछा, ''वत्स! यह तेल किसने भेजा है?''

''महाराज दुर्योधन ने। उन्होंने कहा कि गुरु के घर में अँधेरा और शिष्य के घर में उजाला। यह पीड़ा दुर्योधन के लिए असह्य है। अतः मुझे तेल लेकर आना पड़ा।''

अब जनवितरण प्रणाली के दुकानदार और आचार्य द्रोण में पाँच गैलन तेल (मासिक) ने इतना मधुर संबंध बना दिया है कि इधर द्रोणाचार्यजी की कुटिया रोशन है और उधर दुकानदार सोहन है।

□

गांधीजी का सपना

आज गांधी जयंती है। राजघाट पर राष्ट्रपति एवं प्रधानमंत्री पहुँच चुके हैं। उनकी समाधि पर माल्यार्पण हो चुका है। सभी धर्मों के लोग भजन-कीर्तन में संलग्न हैं।

और मैं अपने बंद कमरे में गांधीजी के त्याग और बलिदान पर चिंतन कर रहा हूँ। पता नहीं इस बीच कब मेरी आँख लग गई और मैंने देखा कि बदन पर गमछानुमा चादर, घुटने तक धोती, पैर में टायर से बनी चप्पल और हाथ में एक लाठी लिये एक आदमी मेरी ओर बढ़ रहा है। नजदीक आने पर मेरे मुँह से एकाएक निकल पड़ा, "अरे, गांधी बाबा, आप और यहाँ? आज सारा देश आपकी जयंती मना रहा है और आप इस चिलचिलाती धूप में घूम रहे हैं।"

बापू ने कहा, "बेटे! आज अक्षरधाम वालों ने बुलाया है। पता नहीं ये आतंकी धर्मस्थलों का चयन क्यों करते हैं। लेकिन कहूँ किसे? मैं भी तो बिरला मंदिर में ही मारा गया था। इसलिए मुझे डिस्टर्ब मत करो और कृपाकर मुझे अक्षरधाम जाने का मार्ग बता दो।"

"कृपाकर" शब्द सुनकर मैं पानी-पानी हो गया। मैंने कहा, "बापू! यह मेरा सौभाग्य है कि मैं आपको इतने करीब से देख रहा हूँ। मेरी पीढ़ी के लोग तो आपको किताबों में देखते हैं। अगर आपका चित्र किताब में नहीं होता, तो मैं भी आपको नहीं पहचानता।"

इतना कहकर चरण-स्पर्श के लिए मैंने हाथ बढ़ाया तो वे तत्क्षण पीछे

हटते हुए बोले, ''बेटे, मेरे चरण-स्पर्श करके आशीर्वाद मत लो। आजतक जिस किसी ने मेरे चरण-स्पर्श कर आशीर्वाद लिया है, उसी ने मुझे नंगा किया है। दस रुपए से हजार रुपए तक में खरीदा और बेचा जाता हूँ। हर आदमी हाथ में लेकर कहता है कि जाँचकर देख लो कि गांधी असली है या नकली। अब तो मेरी फोटो गांधी बीड़ी बाजार में धड़ल्ले से बिकती है। कल तुषार (गांधीजी का पौत्र) का पत्र मिला। लिखा था, 'कांग्रेस के कुछ शीर्ष नेताओं ने अपने नाम में गांधी जोड़ लिया है और तुषार गांधी को डुप्लीकेट गांधी बता रहे हैं।' एक चश्मा था संग्रहालय में, वह भी किसी ने चुरा लिया। अब ठीक से देख भी नहीं पाता हूँ। इसलिए मुझे अक्षरधाम का रास्ता बता दो। बहुत लोग मारे गए हैं। मुझे वहाँ जल्द-से-जल्द पहुँचना है।

मैंने कहा बापू, मैं अक्षरधाम तक आपके साथ चलूँगा। बस कपड़े बदल लेने दीजिए।

इतने में विस्फोटक आवाज हुई, 'धड़ाम! धड़ाम!' और मेरी आँख खुल गई। चारों तरफ लोग भाग रहे हैं। मैंने कमरे से बाहर निकलकर एक भागते हुए आदमी से पूछा, ''भाई क्यों भाग रहे हो?''

उसने कहा, ''बंद हो जाओ घर में। संसद् पर हमला हुआ है।''

मैं फिर कमरे में आकर सोचने लगा हूँ कि 'अगर सपना सच था तो गांधीजी ताज होटल, जम्मू-कश्मीर, कारगिल, मुंबई आदि किन-किन जगहों पर जाएँगे?'

□

बहुमत

अभी न्यूजपेपर आया है, जिसमें मैट्रिक का रिजल्ट निकला है। मंत्रीजी की पत्नी ने पी.ए. को बुलाकर रोल नंबर दिया और बोलीं कि जरा बंटी का रिजल्ट देखकर बताइए।

पी.ए. ने एक बार नहीं, बल्कि कई बार रिजल्ट देखा, लेकिन यह रोल नंबर थर्ड डिवीजन तक में नहीं था। अब पी.ए. की स्थिति यह थी कि बोले तो क्या बोले। पैरवी के नाम पर मैडम से काफी पैसे ले चुका था और लड़का फेल हो गया था, अब करे तो क्या करे।

इस बीच मोहल्ले से मिठाई आने लगी। जिन लोगों के बच्चे उत्तीर्ण हुए थे, वे अपने बच्चे को लेकर उन्हें मंत्रीजी का आशीर्वाद दिलाने के लिए पहुँच रहे थे। उन्हें क्या पता था कि वे आशीर्वाद लेने नहीं वरन् जले पर नमक छिड़क रहे हैं।

सबसे दुखद घटना तो तब हुई जब मंत्रालय का स्वीपर अपना लड़का लेकर आया और कहा, "हुजूर! रमुआ को आशीर्वाद दीजिए, यह इस बार की मैट्रिक परीक्षा में टॉपर है।" उसने मंत्रीजी के दुखती रगों को छेड़ा था। लेकिन मंत्रीजी ने हँसते हुए रामू के सिर पर हाथ रखकर कहा, "खूब पढ़ो, अच्छा करो।"

धीरे-धीरे जब भीड़ छट गई तो मंत्रीजी ने पी.ए. को बुलाया और डाँटते हुए पूछा, "जब तुमने एक महीने की छुट्टी पैरवी करके ली। मैडम से पचास हजार रुपए कैश लिया तो बंटी फेल कैसे हो गया?"

पी.ए. ने पेपर दिखाते हुए कहा, "सर! पेपर देख लीजिए। इस बार बीस फीसदी विद्यार्थी ही पास हुए हैं।"

मंत्रीजी चौंक उठे। क्या कहा? "बीस फीसदी पास और अस्सी फीसदी फेल। जाओ, बाजार से सारी मिठाइयाँ खरीदकर मोहल्ले में बाँट दो। मुझे खुशी है कि बहुमत मेरे बेटे के साथ है। ये बीस फीसदी, साले पढ़-लिखकर नौकरी की तलाश में मारे फिरेंगे और इन अस्सी फीसदी विद्यार्थियों ने अगर मेरे बेटे का साथ दिया तो मंत्री हों या न हों, हम इन्हें एम.एल.ए. या एम.पी. तो बना ही देंगे।

इन बीस फीसदी बुद्धिजीवियों ने सत्ता पक्ष का सदैव विरोध किया है। इन्होंने हमारे विरोध में हमेशा लिखा है, लेकिन इन्होंने हमारा क्या कर लिया। ये बीस फीसदी हमारे विरोध में लिखते हैं और ये ही लोग इसे पढ़ते हैं। हमारे अस्सी फीसदी न तो पढ़ना जानते हैं और न लिखना जानते हैं। इसलिए मैडम से कहो कि घर-घर मिठाई भेजे। बहुमत मेरे बेटे के साथ है। खुशियाँ मनाएँ, खुशियाँ।

□

सत्ता की राजनीति

आज देवलोक में आपात् बैठक चल रही है। गणेश, सुरेश, महेश, दिनेश, रमेश सभी देवता आसन ग्रहण कर चुके हैं। सभापति की जगह पर भगवान विष्णु और पार्श्व लगी कुरसी पर ब्रह्माजी विराजमान हैं।

भीड़ इतनी अधिक है कि सभा भवन में कुरसियों के अलावा बेंच लगाए गए हैं। बावजूद इसके वी.आई.पी. देवता भी खड़े होने की जगह तलाश रहे हैं।

इंस्पेक्टर मातादीन प्रवेशद्वार पर सदल-बल खड़े हैं। सबसे दयनीय स्थिति पत्रकारों की है। पास दिखाने के बावजूद मातादीन कुछ भी सुनने को तैयार नहीं है। एक युवक पत्रकार कुछ बोला तो मातादीन ने सीधे उसकी नरेटी धरते हुए कहा, "ज्यादा कानून बतियाएगा तो सीधे चाँद पर भेज देंगे।"

इसी बीच नारायण-नारायण की उद्घोषणा हुई और नारदजी उपस्थित हो गए। जेड सुरक्षा के बीच नारदजी विष्णुजी के पास पहुँचाए गए।

नारदजी की गंभीर मुद्रा को देखकर विष्णुजी ने पूछा, "देवर्षि! आप तो सदैव घूमते रहते हैं। स्वर्गलोक की वर्तमान स्थिति का सही कारण क्या है?"

"सभापतिजी! आज संपूर्ण देवलोक विनाश के कगार पर खड़ा है। स्थिति करो या मरो की है। मैंने क्षीर सागर में जाकर आपसे जाकर बताया कि आपके सहयोगी भारतीय सांसदों की तरह रासरंग में लीन हैं। लेकिन आपने मेरी बात अनसुनी कर दी। परिणाम आपके सामने है।"

नारदजी! बीती ताहि बिसारिए। अभी आगे की सुधी लीजिए और

किसी तरह इस मामले को निपटाइए। फिर भविष्य के लिए हम सभी मिलकर विचार करेंगे।

"मान्यवर! मामला बहुत गंभीर है। मृत्युलोक से जितने लोग आए हैं, उसमें बिहारियों की संख्या अधिक है। जहानाबाद से आए मुसलिम मृतकों का कहना है कि जन्नत में उन्हें कब्र बनाने के लिए जमीन चाहिए। कब्रगाह की घेरा बंदी के लिए ईट, कंक्रीट, बालू और सिमेंट चाहिए। दलित, महादलित और अनुसूचित जन जातियों को स्वर्ग में आरक्षण चाहिए। किसिम-किसिम के लोग हैं और किसिम-किसिम की माँगें हैं।

विष्णुजी ने नारदजी को बीच में ही टोकते हुए कहा कि उन लोगों से जाकर कह दीजिए, हम जिस भूखंड पर निवास करते हैं, उसे माता कहते हैं। माँ की छाती से दूध पीया जा सकता है। उसकी छाती पर गड्ढा नहीं खोदा जा सकता। हम सब कुछ मान सकते हैं, लेकिन सांप्रदायिकता को बढ़ावा नहीं दे सकते।

जहाँ तक हरिजन-आदिवासियों का प्रश्न है, हम कर्मों के आधार पर स्वर्ग और नरक भेजते हैं। थोड़ी सी चूक होने पर मैंने युधिष्ठिर को भी नरक भेजा है।

नारदजी ने कहा, "धीरे बोलिए। बाहर खड़ी भीड़ बड़ी उग्र है। कभी कुछ हो सकता है।"

इतना सुनते ही विष्णुजी की उँगली में लगा चक्र हाईस्पीड में घूमने लगा, जैसे हाईवॉल्टेज आने पर छत से लगा पंखा एकाएक घनघना उठता है और कमरे का पेपर इधर-उधर उड़ने लगता है।

उधर महेशजी तांडव की मुद्रा में खड़े हो गए। कमर से बँधा डमरू एकाएक डिमडिमाने लगा और चिल्ला उठे, "मेरा त्रिनेत्र फड़क रहा है। मैं एक-एक को जलाकर खाक कर दूँगा।"

स्थिति की गंभीरता को देखते हुए नारदजी ने कहा, "शांत-भगवन्-शांत! क्रोध का परित्याग कर डिप्लोमेसी से काम लीजिए। इन्हें आप खाक करके क्या कीजिएगा। ये खाक होकर ही धरती से आए हैं। खाक को खाक

करके क्या कीजिएगा।''

ब्रह्माजी ने पूछा, ''फिर इसका सामाधान क्या है?''

नारदजी ने कहा, ''वर्तमान की स्थिति में मेरे विचार से श्रीकृष्ण ही इस समस्या को निपटा सकते हैं। वे ही इन लोगों को सँभाल सकते हैं।''

विष्णुजी ने गरुड़यान भेजा और श्रीकृष्णजी बुलाए गए।

नारदजी ने भगवान कृष्ण को स्थिति की जानकारी दी और आगे की रणनीति निर्धारित की गई। फिर भी कुछ लोगों ने जो सत्ताधारी के चमचे थे, श्रीकृष्ण का यह कहकर विरोध किया कि सभाभवन में जहाँ शृजनकर्ता से लेकर संहारक तक बैठे हैं, वहाँ एक निहत्थे आदमी को नेतृत्व सौंपना उचित नहीं है। लेकिन नारदजी की एक ही झाड़ ने सबकी सिट्टी-पीट्टी गुम कर दी। नारदजी गरज उठे, ''कौन बोलता है रे! जरा सामने तो आ। बड़ा शूरमा है तो जरा सभाभवन से बाहर तो निकल के दिखा। मरे हुए का तेरा बॉस क्या कर लेगा? कहो महेश से कि त्रिनेत्र खोल दें। खाक देवलोक होगा। खाक क्या खाक होगा?''

ब्रह्माजी ने हस्तक्षेप करते हुए चमचों को डाँटा और श्रीकृष्ण से आगे की काररवाई के लिए विनती की।

भगवान् श्रीकृष्ण नारदजी को साथ लेकर सभाभवन से बाहर कदम रखा ही था कि रोड़ा-पत्थर बरसने लगे। नारदजी श्रीकृष्णजी के पीछे छिप गए। श्रीकृष्णजी ने अपनी बाँसुरी होंठों से लगाई और राग मालकोश का ऐसा सुर छेड़ दिया कि सारे-के-सारे आंदोलनकारी यंत्रवत् खड़े रह गए। इस चमत्कार को देखकर नारदजी आगे बढ़कर आए और जन-सैलाब को संबोधित करते हुए कहा, ''मेरे मृतक बंधुओं! आपके बीच गरीबों के मसीहा, दलितों और महादलितों के त्राता, जिन्होंने कौरवों के छप्पन भोग को अस्वीकार करके गरीब विदुर का शाक स्वीकार किया। जिन्होंने गरीब सुदामा को वैभवशाली बनाकर स्वयं उनके चरण धोए। वे आज आपके बीच खड़े हैं। आप अपनी समस्याएँ सुनाकर इन्हें सेवा का मौका दें।''

इतना सुनते ही एक लंबी दाढ़ीवाला, आगे बढ़कर बोला, ''हम लोगों

को कब्रगाह के लिए जमीन और इबादत के लिए मसजिद चाहिए।''

नारदजी ने सादे कागज पर दाढ़ीवाले की समस्या नोट करते हुए उसे बैठ जाने को कहा। इस बीच कई आदमी खड़े होकर बोलने लगे तो भगवान श्रीकृष्ण ने कहा, ''मित्रो! आप बैठ जाएँ और बारी-बारी से अपनी समस्याएँ नोट कराएँ। मैं जब बहन द्रौपदी की एक पुकार पर कई थान वस्त्र दे सकता हूँ तो इन गिने-चुने लोगों के लिए मैं अपना सब कुछ न्योछावर कर दूँगा। एक-एक कर आप बोलकर तो देखें।''

श्रीकृष्णजी के कथन का जादुई असर हुआ और चतुर्दिक सन्नाटा छा गया। कोई कुछ नहीं बोल रहा था। सभी एक-दूसरे को देख रहे थे।

आखिर भगवान् कृष्णजी को ही सन्नाटा तोड़ना पड़ा और बोले, ''घबराइए मत, आप लोग धरातल के उस भू-खंड से आए हैं, जहाँ आजादी के बाद अवाम् को बोलने की ही आजादी मिली है, इसलिए बोलिए, खुलकर बोलिए।''

और श्रीकृष्णजी के इस बेबाकीपन का श्रोताओं पर प्रभावी प्रभाव पड़ा और एक आदमी खड़ा होकर कहने लगा, ''श्री किसनजी! हम लोगों को स्वर्ग में आरक्षण चाहिए। चित्रगुप्त की सत्ता में भागीदारी हमारी माँग है। हमें सत्ता में भागीदारी दें। हम अपनी सुरक्षा, आवास और भोजन की व्यवस्था खुद करेंगे।''

''नेताजी! आप अपनी बात करें। जनता जनार्दन को गुमराह नहीं करें।'' इससे आगे नारदजी कुछ कहते, बीच में ही कालूजी ने टोकते हुए कहा, ''आप मुझ पर मृतक बंधुओं को गुमराह करने का आरोप लगाते हैं, लेकिन मैं आप से ही पूछता हूँ कि स्वर्ग और नरक का निर्माण क्यों और किसके लिए हुआ है?''

''मृतकों के लिए'' नारदजी ने कहा।

''फिर चित्रगुप्त कौन होता है तानाशाह की तरह हम लोगों को स्वर्ग और नरक एलॉट करने वाला? जिंदा थे तो जिंदा शासक और मर गए तो भी जिंदा का ही शासन। यह धाँधली नहीं चलेगी, नहीं चलेगी। हम सामाजिक

न्याय के पक्षधर हैं। हम मृतक भाई और बहनों के लिए, एक बार क्या सौ बार मरने को तैयार हैं। जहाँ इनका पसीना बहेगा, वहाँ मेरा खून बहेगा।''

इतना सुनते ही भीड़ उग्र हो उठी। मंच पर रोड़ा-पत्थर बरसने लगे। देवता लोग किस रास्ते से भागे, कोई देख नहीं सका। फँस गए श्रीकृष्णजी और नारदजी। हालाँकि निकलने की कोशिश नारदजी ने भी की, लेकिन मंच की अफरा-तफरी में उनका खड़ाऊँ कहीं खो गया। इसलिए वे भाग नहीं सके। लेकिन स्थिति की गंभीरता को देखते हुए नारदजी भगवान कृष्ण के कान में कहा, ''भगवन्! कुछ तिकड़म लगाइए, वरना यह नेत एक नंबर का हरामी है। अगर इसे कल तक मौका मिल गया तो पूरे देवलोक को तहस-नहस कर देगा।''

''आपने सेलेक्सन लिस्ट देखी है, उसमें सौ फीसदी फारवर्ड मृतकों को ही स्वर्ग में जगह दी गई है। ये लोग धरती पर भी सामंतों की तरह विधानसभा और संसद का सुख भोग चुके हैं और यहाँ भी उन्हें स्वर्ग दिया जा रहा है। अगर हमारी माँगें नहीं सुनी गईं तो कल से हम लोग आमरण अनशन पर बैठ जाएँगे।''

नारदजी ने उनके बयान को भी दर्ज किया।

इसके बाद पिछली पंक्ति से एक नेतानुमा व्यक्ति धीरे-धीरे आगे बढ़ा। भीड़ चिल्ला उठी, ''कालू भैया जिंदाबाद, जिंदाबाद, जिंदाबाद।''

नारदजी धीरे से जाकर श्रीकृष्णजी के कान में कहा, ''इससे सावधान रहिएगा। बहुत बड़ा नौटंकीबाज है। सारा नाटक यही रचा है।''

कालू भाई वहीं रुक गए और चिल्लाए, ''ऐ नारद बाबा! खुसुर-फुसुर क्या बतियाते हैं, हिम्मत है तो डायरेक्ट बतियाइए और इतना कहते हुए धड़धड़ाते हुए मंच पर चढ़ गए और नारदजी के हाथ से माइक लेकर एक कुरसी मँगाने के लिए कहा। आनन-फानन में कुरसी आ गई और कुरसी पर बैठते ही अवाम् को संबोधित करते हुए कहा, ''भाइयो और बहनो! आजादी के बाद हम आश्वासनों की रोटी खाकर जिंदा रहे और मरे। कुरसीवालों ने कभी भी हम मुफलिसों के साथ न्याय नहीं किया। आज भी मुझे जौक साहब

की पंक्ति सुनाई दे रही है—

अब तो घबरा के ये कहते हैं कि मर जाएँगे।
मर के भी चैन न पाया तो किधर जाएँगे।

अतः इनके भुलावे और छलावे से सावधान रहना है। यह फारवर्ड देवताओं ने हमारे देवता को भी कभी जगह नहीं दी है। आप लोग मंच पर नजर डालिए। कहाँ हैं आपके बरहम बाबा, कहाँ हैं आपके लोटिक बाबा, कहाँ हैं शलहैस महाराज? कहाँ हैं विषहरा भाव? कहाँ हैं कताने भाव? कितना गिनाएँ कि फारवर्ड देवतागण धरती पर भी हमसे पूजा करवाते थे और मरने पर भी यही करने के फेरे में हैं।'' इसलिए इनसे भगवान कृष्ण ने कहा, ''आप चिंता नहीं करें देवर्षि। इसकी सारी नेतागिरी ठीक कर देंगे। यही जनता इसको इतने जूते मारेगी कि इसकी सात पीढ़ी तक किसी के सिर पर बाल नहीं उगेंगे। केवल आप श्याम गोपाल को मेरा संदेश पहुँचा दीजिए। मैंने इसे दिन में तारे नहीं दिखा दिए तो आप मुझे कभी गोपाल मत कहिएगा।''

नारदजी रात भर मृतकों के बीच घूमते रहे और संयोग कहिए कि रात्रि के एक बजे श्याम गोपालजी मिल गए। उन्होंने श्याम गोपाल को ठीक उसी तरह भगवान कृष्ण का संदेश समझाया, जैसे भगवान कृष्ण ने अर्जुन को कुरुक्षेत्र के युद्धांगन में समझाया था। नारदजी की बात सुनकर श्याम गोपाल बाग-बाग हो उठा। उसने कहा, ''मुझे भगवान कृष्ण से अविलंब मिला दीजिए।''

नारदजी ने कहा, ''नेताजी! आप थोड़ा धैर्य धारण कीजिए। जल्दी का काम शैतान का होता है। आप कल श्रीकृष्ण की सभा में आइए। आपको स्पष्ट हो जाएगा कि वे आपके लिए कैसी पृष्ठभूमि तैयार करते हैं।'' इतना कहकर नारदजी अवाम् के बीच एक सार्वजनिक मीटिंग की रूपरेखा तैयारकर लौट गए और सीधे श्रीकृष्णजी के आवास पर आए और कल की मीटिंग का प्रारूप तैयार करने लगे। काफी देर आपसी मंत्रणा के बाद नारदजी रेस्ट हाउस चले गए।

अगले दिन सभास्थल मृतक बंधुओं से खचाखच भरा था। सारे लोग

मंच पर टकटकी लगाए श्रीकृष्णजी के आगमन का इंतजार कर रहे थे। लेकिन थोड़ी ही देर बाद श्रीकृष्णजी और नारदजी आ गए। स्पीकर वाले ने माइक श्रीकृष्णजी के आगे रख दिया और बिना किसी विराम के श्रीकृष्णजी ने भीड़ को संबोधित किया।

"बहनो एवं भाइयो! मेरे दमित दलित, महादलित और अल्पसंख्यक मृतक जनों! मैं जानता हूँ कि आपने मृत्युलोक में असहय दुःख झेला है। कभी दुर्भिक्ष, कभी बाढ़, कभी भूकंप आदि-आदि संकटों का सामना आपको करना पड़ा है।

"इसलिए मैंने आज संकल्प लिया है कि आपके लिए मुझे क्यों न दूसरा महाभारत युद्ध लड़ना पड़े, मैं अंतिम दम तक लड़ूँगा। इसके लिए मैं कोई भी कुरबानी देने को तैयार हूँ। बशर्ते कि सत्ता किसी गलत के हाथों में न चली जाए। आप सबों को अपना प्रतिनिधि खुद चुनना है, जो आपके दुःख-दर्द में अपनी भागीदारी दे। याद रहे, शब्दों के जादूगर आपको शब्दजाल में फाँसने की कोशिश करेंगे। कभी एमवाय समीकरण कहेगा। कभी भूराबाल साफ करेगा। तरह-तरह का समीकरण बताएगा। इसलिए अपना नेता चुनना आपका काम है और सत्ता में भागीदारी दिलाना मेरा काम है। मैं चौबीस घंटे का समय आपको देता हूँ। आप अपने प्रतिनिधियों का चयन आपस में बैठकर कर लें। बाकी काम मुझ पर छोड़ दें।" लेकिन भीड़ की प्रभावी प्रतिक्रिया नहीं देखकर भगवान कृष्ण ने कहा, "भाइयो! दुःख और पीड़ा मुझसे अधिक आपने न तो देखी है और न झेली है। मेरे भाइयों को जन्म लेते ही मार दिया गया। मेरे माता-पिता ने कारागार की यातना झेली। मेरा जन्म कारागार में हुआ और मैं बच इसलिए गया कि भगवान की इच्छा थी कि मैं आपकी सेवा कर सकूँ।"

इतना सुनते ही भीड़ चिल्ला उठी, "भगवान श्रीकृष्ण की जय। हमारा नेता कैसा हो, भगवान कृष्ण के जैसा हो, आदि-आदि।"

कुरता-पायजामा और नीले स्वेटर वाले नेताजी को लगा कि मेरा पत्ता साफ है। श्रीकृष्ण ने तो एमवाय समीकरण ही मिटा डाला है। फिर

मेरा जनाधार ही कहीं नजर नहीं आता है, मुझे। मुझे नारदवा क्या–सब्जबाग दिखलाया और सुबह होते ही मुझे ही डैमेज करने लगा है। अत: वहीं से चिल्लाया, "बकवास बंद करो। मैं धर्मनिरपेक्षता की लड़ाई जीवनपर्यंत लड़ता रहा हूँ। मेरा माय समीकरण सब दिन रहा है।"

इतना सुनते ही एक सफेद लंबी दाढ़ीवाला चिल्लाया, "बैठ जाओ, बैठ जाओ। तुम्हारी नौटंकी हम लोग देख चुके हैं। सब दिन माय–माय कहकर मुसलमान को ठगता रहा। क्या दिया मुसलमान को? एक भी मदरसा बना देते तो मुसलिम बच्चे शिक्षित होते। इसलिए माय–बाप करने से कुछ नहीं होगा।"

उधर नारदजी ने घूम–घूम कर कई प्रत्याशी तैयार कर लिये। सुबह होते–होते करीब पच्चीस प्रत्याशी मैदान में आ गए। सभी जातिगत आधार पर विभिन्न खेमों में बँट गए। लेकिन मुसलिम वोटरों की चुप्पी सभी प्रत्याशियों की परेशानी का सबब बना था। कोई पैसे लेकर खड़ा था। कोई आरक्षण की बात कर रहा था और कोई सफेद दाढ़ी वाले इमाम से गुफ्तगू में लीन था।

इस बीच एक प्रत्याशी ने खबर फैला दी कि बाबरी मसजिद तोड़ दी गई है। माहौल ऐसा गरमाया कि लोग सबकुछ भूलकर, हथियार निकालकर मैदान में कूद पड़े। सभी मरकर गए ही थे। इसलिए मौत से भय कैसा। फिर भी घायलों को अस्पताल में भरती किया गया। किसी का सिर फूटा। किसी की बाँह टूटी। किसी को पानी चढ़ रहा है। लेकिन सी.बी.आई. की रिपोर्ट है कि घायलों के स्वस्थ होने पर एक बड़ी दुर्घटना की आशंका है।

इंस्पेक्टर मातादीन ने कहा, "हुजूर! आप लोग चिंता मत कीजिए। इंस्पेक्टर मातादीन बिहार और यू.पी. में इंस्पेक्टरी करके आया है। सबके स्वस्थ होते ही डाँड़ में रस्सा लगाकर जेल भेज दूँगा। आप किसी को जमानत मत दीजिएगा। नेतबा सब बंद रहेगा तो मामला क्लीयर है।"

और सचमुच जेल में नेता सब बंद ही और इंद्रासन चल ही नहीं दौड़ रहा है।

□

अखबारी सूचना

खगड़िया में अखबार लगभग साढ़े तीन बजे रात में ही पहुँच जाता है। हॉकर दरवाजे के नीचे से पेपर सरका देता है।

अभ्यस्त हो जाने के कारण मेरी नींद तीन बजे ही खुल जाती है। साइकिल की झनझनाहट सुनते ही दरवाजे की ओर टकटकी लग जाती है।

ठीक साढ़े तीन बजे पेपर दरवाजे के नीचे से सरकते हुए भीतर आया तो मैं दंग रह गया। छह पन्ने की जगह सिर्फ एक पृष्ठ। मुझे लगा कि बाकी पन्ने बाहर ही तो नहीं रह गए। किवाड़ खोलकर देखा तो भी कुछ नहीं था।

लाचार होकर पेपर के पन्ने उठाया तो मोटे-मोटे अक्षरों में लिखा था—

"एक आवश्यक सूचना"

खेद के साथ सूचित करना है कि आज के दिन एक भी हत्या, बलात्कार, लूट और अपहरण नहीं होने के कारण सामग्री के अभाव में एक ही पृष्ठ का अखबार छप सका है। असुविधा के लिए खेद है।

संपादक

7 जून, 1998

आर्यावर्त

□

विश्वास करें : सच है

बात सन् 1961 की है। मैं सी.एम. कॉलेज दरभंगा में पढ़ता था। घर सिदूर देहात में होने के कारण ट्रेन मुरलीगंज से मुझे पकड़नी पड़ती थी। उन दिनों मुरलीगंज से कोई एक्सप्रेस ट्रेन नहीं चलती थी। केवल पेसेंजर ट्रेन चलती थी। यात्री अपने घर के सामने चेन खींचकर आराम से उतरकर चले जाते थे। इसलिए यात्रा बड़ी उबाऊ होती थी। लेकिन मानसी और खगड़िया के बीच अगर आपकी आँख लग गई तो समझ लीजिए, आप गए खगड़िया बूट लादने। यानी आपकी अटैची गायब हो जाएगी या जेब साफ हो जाएगी। सोने क्या, जगे रहने पर भी आपको यहाँ सतर्क रहना पड़ेगा।

मैं अपनी तरफ सतर्क था, लेकिन खिड़की के पास की सीट होने के कारण पता नहीं कब आँख लग गई। खगड़िया में जब आँख खुली तो जेब साफ थी। मेरी स्थिति यह थी कि काटो तो खून नहीं। पिताजी येन–केन प्रकारेन सवा सौ रुपए महीने भर का खर्च दे पाते थे।

आते समय माँ ने चुपचाप पचास रुपए पिताजी से छुपाकर दिए थे। यानी कुल मिलाकर पौने दो सौ रुपए मेरी पूँजी थी, जिसमें से टिकट, नाश्ते आदि में लगभग पचीस रुपए खर्च हुए थे। बाकी डेढ़ सौ रुपए बचे थे, जो टिकट के साथ चुरा लिये गए थे।

मैं सोच नहीं पा रहा था कि क्या करूँ? खाली हाथ दरभंगा जाने का औचित्य नहीं था और घर लौटने का मतलब था पिताजी को परेशानी में डालना। इतना ही नहीं घर लौटने के लिए टिकट के लिए पैसे भी नहीं थे।

इसी उधेड़-बुन में मैं प्लेटफॉर्म के बेंच पर बैठ गया। इतने में एक बुजुर्ग मेरी बगल में आकर बैठ गए और पूछा, "कहाँ जाइएगा?"

मैंने उनके प्रश्न का जवाब देने के बदले आपबीती कहना शुरू कर दिया।

मेरी पूरी बात सुनने के बाद उन्होंने कहा, "आप सबसे पहले रेल थाने में जाकर शिकायत दर्ज कीजिए। होना-जाना कुछ नहीं है, लेकिन गार्ड या टी.टी.ई. को थानेदार अगर बोल देंगे तो वे लोग आपको गंतव्य तक पहुँचा देंगे।"

मुझे लगा जैसे अंधे को दो आँखें मिल गईं। मैंने झोला उठाया और प्लेटफॉर्म के दक्षिणी कोने पर स्थित रेल थाने में आपबीती दर्ज कराने के लिए पहुँचा।

ड्यूटी पर एक रायफलधारी सिपाही को देखकर मैंने पूछा, "बड़े बाबू हैं?"

उसने पूछा, "क्या बात है?"

मैंने उसे भी आपबीती सुनाई तो उसने मुझे उलटा-सीधा कहना शुरू किया "कैसे सो गए? देखिए, प्लेटफॉर्म पर हर जगह लिखा है कि सावधानी घटी, दुर्घटना घटी।"

बगल में बैठा सिपाही खैनी लगा रहा था। उसने नहले पर दहला मारा—"आजकल का लड़का दिनभर गुटका खाता है। बाप की फैक्टरी से पैसा मिलता है और मौज-मस्ती में उड़ाता है। बाप समझता है कि बेटा पढ़ रहा है और बेटा पहले शो में पहले दिन सिनेमा देखता है।" जो भी जी में आया, जी भरकर सुनाया।

इतने में थाने के बड़े बाबू आ गए और मेरी आँखों में आँसू देखकर पूछ बैठे, "क्या बात है?"

मेरे कहने से पहले सिपाहीजी ने मेरी राम कहानी दुहरा दी।

"तुम विद्यार्थी हो?"

मैंने अपना विद्यार्थी पहचानपत्र दिखाते हुए कहा, "जी।"

उन्होंने गौर से मेरा कॉलेज पहचानपत्र देखा और पूछा, "कितने रुपए थे?"

मैंने कम रुपए बताना अपनी तौहीन समझा। इसलिए कह दिया, "सर! पाँच सौ रुपए थे।"

बड़े बाबू ने पूछा, "तुम पाँच सौ रुपए माहवारी खर्च करते हो?

मैंने कहा, "नहीं सर। खर्च तो सौ-सवा सौ रुपए में चल जाता है। लेकिन इसी महीने में फॉर्म भरना है। चार महीने से आर्थिक तंगी के चलते पिताजी रुपए नहीं भेज सके थे, जिसके चलते कमरे का किराया व खाने का हिसाब चुकता करना है। इसलिए पिताजी उधार लेकर मुश्किल से पाँच सौ रुपए दिए थे।"

बड़े बाबू बोले, "देखो बेटे, रिपोर्ट लिखवाने से कोई फायदा नहीं होगा। तुम्हारे लिए हम इतना कर सकते हैं कि तुम्हें दरभंगा की गाड़ी में बैठाकर टी.टी.ई. से बोल दूँगा कि वह तुम्हें लेते जाएगा।"

मैंने कहा, "सर! खाली हाथ दरभंगा जाकर क्या करूँगा। अगर आप मेरे घर लौट जाने की व्यवस्था कर देंगे तो बड़ी कृपा होगी।"

"तुम्हारा घर कहाँ है?" दारोगाजी ने पूछा।

मैंने कहा, "घर तो सुदूर देहात में पड़ता है, लेकिन मुरलीगंज स्टेशन से उतरकर जाना पड़ता है। बड़े बाबू ने एक सिपाही को बुलाकर कहा कि इस लड़के को शाम की गाड़ी में बैठाकर टी.टी.ई. से बोल देना कि बड़ा बाबू का आदमी है।"

मैं बड़े बाबू को नमन करके पुनः प्लेटफॉर्म की बेंच पर आकर बैठ गया। माँ ने कुछ नाश्ता बनाकर दिया था, झोले से निकालकर खाने लगा। थोड़ा सा खाया और नल से पानी पीकर पुनः बेंच पर बैठ गया।

इसी बीच एक अपरिचित आदमी आकर बगल में बैठ गया। मैंने सबसे पहले अपना झोला समेटकर बगल में सुरक्षित किया। हालाँकि अंगवस्त्र से संभ्रांत व्यक्ति दिख रहा था, फिर भी दूध का जला, छाछ भी फूँक-फूँक कर पीता है। लेकिन मौन को भंग करते हुए वह आदमी बोला, "भाई साहब!"

मुझे उसकी आवाज से लगा, शायद यह व्यक्ति भी मेरी तरह प्रताड़ित है। अतः मैंने एक ही साँस में कह दिया, "भाई साहब! मैं आपकी कुछ भी

मदद नहीं कर सकता, मेरे पास जो कुछ था, रात में कोई जरूरतमंद आदमी उड़ा ले गया।''

कुछ देर चुप रहने के बाद वह बोला, ''भाई साहब! वह व्यक्ति मैं ही हूँ।'' और उसने डेढ़ सौ रुपए अपनी जेब से निकालकर देते हुए कहा, ''इसमें आपका टिकट भी है। आप केवल मुझ पर एक उपकार कर दें तो बड़ी कृपा होगी।''

मैं आश्चर्यचकित होकर उसे देखता रहा। मुझे लग रहा था, जैसे मैं कोई स्वप्न देख रहा हूँ। कभी लगता था कि मैं 'हार की जीत' कहानी का 'बाबा भारती' हूँ और डाकू खड़्ग सिंह मेरे सामने रुपया (घोड़ा) लेकर खड़ा है। आखिर यह चमत्कार के सिवा और क्या हो सकता है। मैं चुपचाप उस देवदूत को देखता रहा।

लेकिन उसने जब कहा, ''कृपया, रुपए गिन लीजिए।'' तब मैंने सारे गिले-शिकवे भुलाकर कहा, ''श्रीमानजी! बोलिए मैं आप पर क्या उपकार करूँ? मैं आपके लिए अपनी जान लेकर खड़ा हूँ। आप जो कहेंगे, वह करने को तैयार हूँ।''

उसने कहा, ''पहले रुपए तो गिन लीजिए। उसके बाद ही मैं कुछ कहूँगा।''

मैंने रुपयों को गिनकर देखा। डेढ़ सौ रुपयों के साथ मुरलीगंज से दरभंगा का टिकट भी पूर्ववत् था।

मैंने कहा, ''सब ठीक-ठाक है। अब आप कहिए कि मैं आपके इस उपकार का क्या प्रत्युपकार करूँ?''

उसने कहा, ''आपने बड़े बाबू को थाने में पाँच हजार रुपए चोरी होने की रिपोर्ट दर्ज कराई है। वे मुझसे पाँच हजार रुपए का हिस्सा माँगते हैं। अब आप ही बताइए, कहाँ डेढ़ सौ और कहाँ पाँच हजार। मैं कहाँ से दे पाऊँगा?''

मैंने कहा, ''श्रीमान! मैंने तो बड़े बाबू को मात्र पाँच सौ रुपए चोरी होने की बात लिखकर दी है।''

''आपने जो लिखकर दिया है, वह मेरे लिए कोई मायने नहीं रखता

है, क्योंकि लिखा हुआ हम लोगों को दिखाया नहीं जाता है। दारोगाजी ने जो कह दिया, वही मानना पड़ता है।''

मैंने कहा, ''तो मैं क्या कर सकता हूँ?''

उसने कहा, ''आप दारोगाजी से कह दीजिए कि सर! रुपए मिल गए।''

मैंने कहा, ''भाई साहब! जब वे पूछेंगे कि रुपए कहाँ मिले तो मैं क्या कहूँगा?''

''आप कहेंगे कि सर! जेब कटी जरूर थी, लेकिन जब नाश्ता करने के लिए झोला खोला तो रुपए झोले में मिले। तब याद आया कि मैंने रुपए और टिकट झोले में रख दिया था।'' उसने सिखाया।

मैं बेंच पर बैठा सोचने लगा, 'क्या करें। अगर थाना जाऊँगा और वह सब बताऊँगा तो ज्यादा संभव है, दो चार गाली भी सुननी पड़ सकती है। अतः निर्णय नहीं ले पा रहा था कि क्या करूँ।'

लेकिन मेरा मौन देखकर वह फिर बोला, ''भाईजी! आप मेरे लिए इतना तो कर दीजिए। घर में माँ बीमार है। वह राह देख रही है कि मैं दवा लेकर आ रहा हूँ।''

मैंने कहा, ''आप जाइए। मैं थाना जा रहा हूँ।'' इतना कहकर मैं झोला उठाकर थाना की ओर चल दिया और वह बेचारा भला आदमी तब तक देखता रहा जब तक मैं उसकी आँख से ओझल नहीं हो गया।

□

बिरादरी

सारा गाँव नींद के आगोश में सो रहा था। एकाएक घोड़े की टाप और बंदूक की धाँय-धाँय की आवाज सुनकर लोगों की नींद टूटी। पूरे गाँव में कुहराम मच गया।

घरों से बच्चे, बूढ़े, औरत, मर्द जो भी मिलता, बाहर लाए जाते और गोलियों से भून दिए जाते।

गिरोह का सरदार चिल्ला-चिल्लाकर कह रहा था, "बता दो उस मुखबिर का नाम जो पुलिस को हमारी खबर देता है। अन्यथा एक को भी जिंदा नहीं छोड़ूँगा।"

पोते ने बाबा को जगाया और कहा, "बाबा! गाँव में गोली चल रही है और आप सोए हैं। आप तो कहते थे कि बंदूक से दुश्मन का मुकाबला किया जाता है। फिर आज बंदूक क्यों नहीं उठाते?"

कालू उठा और बंदूक कंधे से लटकाते हुए बभनटोली की ओर बढ़ चला। चंद मिनटों में डाकूदल के सामने जाकर खड़ा हो गया।

सारी बंदूकें कालू की ओर तन गईं। लेकिन सरदार ने मना कर दिया और पूछा, "क्या नाम है तेरा?"

कालू ने कहा, "अब्दुल कालू ठाकुर"

सरदार ने कहा, "सभी बंदूकें नीचे करो। यह किसी बिरादरी का नहीं है। यह मुखबिर हो नहीं सकता।" और सारे डाकू घाटी की ओर लौट गए।

कालू खड़ा-खड़ा सोचता रहा कि राजनीति जंगल में भी पहुँच गई है।

□

इनरदेव भैया

गाँव के लोगों का कहना है कि इनरदेव जैसा ढोलक वादक आजतक पैदा नहीं हुआ है। जब वह ढोलक बजाता है तो उसकी उँगलियाँ ऐसे थिरकती हैं जैसे किसी नर्तकी के पाँव कंपित हो उठे हों। सबसे बड़ी बात तब होती है, जब वे ढोलक बजाते हुए कहते हैं कि अब आप तबले की आवाज सुनिए और लगता है कि तबला बज रहा है। कभी कहते हैं कि अब आप मृदंग की आवाज सुनिए तो हू-ब-हू मृदंग की आवाज सुनाई पड़ती है। एक ढोलक से विविध वाद्यों की आवाज वे कैसे निकालते हैं, यही हैरत की बात थी।

एक बार दि ग्रेट थियेट्रिकल संगीत कंपनी ऑफ चौता के मालिक चंदेश्वरी मेहता ने इन्हें कंपनी में ढोलक बजाने के लिए तीन हजार रुपए महीना देने का ऑफर दिया। इन्होंने यह कहकर इनकार कर दिया कि मैं बाजारु औरतों के लिए ढोलक बजाता हूँ। यह मेरा शौक है, पेशा नहीं।

इनरदेव भैया ने अपनी एक कीर्तन मंडली बना रखी है, जिसके हारमोनियम मास्टर हैं भोर काका। झाल बजाते हैं यशोधर काका। करताल महेंद्र भैया बजाते हैं।

बावजूद इसके अगर आप ग्रामीणों से चर्चा करेंगे तो अधिकांश लोग इनके विरोध में ही बोलेंगे।

इनरदेव कुछ नहीं करता है। घर में बीवी है, बच्चे हैं। उनके लिए कुछ सोचता नहीं है। बड़ा भाई सबकी परवरिश करता है। इसे कहो तो कहेगा, "भैया! मलूक दासजी कह गए हैं, अजगर करे न चाकरी, पंछी करे न काम। दास मलूका कह गए, सबके दाता राम। जिस मालिक ने मुँह दिया है, वह

मुँह को आहार भी देगा। आदमी तो धरता है, करता कोई और है। इसलिए कौन क्या बोलता है, मैंने कभी ध्यान ही नहीं दिया है।''

मैंने कहा, ''इनरदेव भैया! हाथी चले बाजार, कुत्ता भूके हजार। कुत्ते का काम है भौंकना। उसे भौंकने दीजिए। हम लोग आठ दिनों से आपको ढूँढ़ रहे थे। मालूम हुआ कि आप तमकुलहा में अष्टायाम कर रहे हैं। आज हम लोगों को कोरिया-पट्टी का मेला ले चलिए।''

इनरदेव भैया ने बिना न-नुकुर के कह दिया, ''ठीक है, लेकिन वीरेंद्र, नरेंद्र, चंद्रभूषण, ललन और चक्रम को भी कह देना।''

पता नहीं मेरे कहे बिना कैसे सबको सूचना मिल गई कि आज इनरदेव भैया मेला दिखाएँगे। सभी शाम को पाँच बजे वीरेंद्र भाई की छत पर पहुँच गए।

चक्रम कहने लगा, ''प्रोग्राम फाइनल है तो चलिए लेकिन आज भैंसा-बलि के चलते भीड़ बहुत रहेगी। पिछले साल एक भैंसे के खुल जाने पर ऐसी भगदड़ मची कि एक बूढ़ा वहीं काल का ग्रास बन गया। घायलों की संख्या तो इतनी थी कि अस्पताल में तिल धरने की भी जगह नहीं थी।''

चंद्रभूषण से रहा नहीं गया। उसने कहा, ''चक्रमजी तो हमेशा तिल का ताड़ करने में लगे रहते हैं। हम लोग सीधे नंदेसाह की दुकान पर जाएँगे। मिठाई खाएँगे और सीधे सिनेमा हॉल में घुस जाएँगे। इसमें भीड़ से क्या मतलब है।''

इनरदेव भैया ने कहा, ''इतने लोग जा रहे हैं, उनके लिए भीड़ नहीं है क्या?'' इतना सुनते ही सभी चल पड़े।

और मेले में पहुँचने पर लगा कि चक्रम का कहना सही था। फिर भी किसी तरह मिठाई की दुकान तक सभी पहुँच गए। इनरदेव भैया ने नंदेसाह से सबको मिठाई देने के लिए कहा। इतने में एक प्रचार गाड़ी से आवाज आई, ''मेले में घूमनेवाले सज्जनो! भाइयो और बहनो! आज शाम सात बजे से पटना रेडियो स्टेशन एवं इप्टा के कलाकारों का रंगारंग कार्यक्रम देखना न भूलें। लोक गीत, सुगम संगीत एवं शास्त्रीय गायन के प्रख्यात गायक परिमल

बनर्जी पधार चुके हैं। अतः ऐसे सुनहरे अवसर पर हजारों की संख्या में उपस्थित होकर लाभान्वित हों।''

इनर भैया ने कहा, ''आज सिनेमा का प्रोग्राम कैंसिल। आज हम लोग इप्टा के कलाकारों का प्रोग्राम देखेंगे। ऐसा मौका यदा-कदा मिलता है। सिनेमा तो कल भी देख सकते हैं।''

नरेंद्र ने भी उनके कथन का समर्थन किया। उसने कहा, ''भाई साहब मैं इप्टा का कार्यक्रम मोकामा में देख चुका हूँ। एक से बढ़कर एक मँजे हुए कलाकार हैं।''

हम लोग सभी सात बजे सबसे आगे जाकर बैठ गए। साढ़े सात , आठ बज गए लेकिन स्टेज अभी भी सूना था। धीरे-धीरे जब आक्रोश उभरने लगा। लोग हो-हल्ला करने लगे। कुछ लोगों ने स्टेज पर ईंट-पत्थर भी फेंकना शुरू कर दिया।

पीछे से आवाज आई, ''परदा फाड़ो। सात बजे से बोला था और साढ़े आठ बजे तक कोई दिखाई नहीं दे रहा है, स्टेज तोड़ दो।''

ऐन वक्त पर एक सूट-बूट धारी माइक हाथ में लिये स्टेज पर कहने लगा, ''भाइयो! मैं आपकी परेशानी समझ रहा हूँ, लेकिन मेरी भी परेशानी आप समझिए। मेरे सारे कलाकार तैयार हैं। देरी का एक ही कारण है कि मेरा तबलावादक जो ढोलक भी बजाता है, आज बीमार हो गया है। इलाज आपके अस्पताल में चल रहा है। हम लोग उसी के इंतजार में हैं। डॉक्टर साहब कहते हैं कि ठीक हो जाएगा। फिर भी हम आपसे निवेदन करते हैं कि आप में से अगर कोई ढोलक या तबलावादक हैं तो स्टेज पर आने की कृपा करें।''

चारों ओर सन्नाटा छा गया। वीरेंद्र भाई ने इनरदेव भैया से कहा, ''देखते क्या हैं? जाइए स्टेज पर। यही मौका है, नाम कमाने का।''

इसी बीच एक आदमी ने स्टेज पर आकर उद्घोषक के कान में कुछ कहा।

उद्घोषक ने कहा, ''अभी-अभी सूचना मिली है कि इस इलाके के प्रख्यात ढोलकवादक श्री इनरदेव बाबू अगर मेले में हैं और मेरी आवाज सुन

रहे हैं, तो स्टेज पर आने की कृपा करें।''

नरेंद्र ने आगे बढ़कर इनरदेव भैया का हाथ पकड़ा और सीधे स्टेज पर पहुँच गया। स्टेज के पीछे से जब कलाकारों ने इनरदेव भैया को देखा तो उन्हें हँसी आ गई।

आधी बाँह की कमीज और घुटने तक धोती। एक ने तो इतना तक कह दिया कि लगता है यह कीर्तन मंडली में ढोलक बजाता है।

इतना कुछ सुनने के बावजूद इनरदेव भैया निर्विकार भाव से स्टेज पर बैठ गए। इनकी बगल में हारमोनियम, बाँसुरी, सारंगी एवं सितारवादक जगह लेकर बैठ गए। इनरदेव भैया हारमोनियम के सुर से ढोलक को ठोक-ठोक कर सुर सँवारने लगे।

सुर के मिलते ही हारमोनियम पर सरगम बजने लगी और इधर ढोलक पर इनरदेव भैया की उँगलियाँ नाचने लगीं। पाँच मिनट के बाद इनरदेव भैया ने माइक वाले से माइक निकट लाने का इशारा किया। माइक वाले ने तत्क्षण माइक इनके पास पहुँचा दिया। इन्होंने घोषणा की, ''अब आप तबला सुनिए'' और सचमुच लग रहा था कि ढोलक नहीं तबला बज रहा है। स्टेज के सारे वादक गण स्तब्ध इनरदेव भैया को देख रहे थे। परदे के पीछे के कलाकार भी आकर बगल से झाँकने लगे। कुछ ही क्षण बाद इन्होंने घोषणा की, ''अब आप पखावज सुनिए'' और सचमुच ढोलक से पखावज की आवाज निकल रही थी। उसके बाद जब उन्होंने मृदंग की घोषणा की तो मृदंग की आवाज सुनते ही ''माँ दुर्गा की जय, इनरदेव बाबू की जय'' से पंडाल गूँज उठा।

जिन नर्तकियों को इन्हें देखकर हँसी आई थी, वही जब स्टेज पर नृत्य के लिए आई तो सबसे पहले इनरदेव भैया के चरण-स्पर्श किए। उसके बाद ही नृत्यारंभ किया।

पूरी रात रेडियो कलाकारों एवं इप्टा के कलाकारों के साथ इनरदेव भैया ढोलक बजाते रहे। पसीने से तर-बतर। कमीज इस कदर भीग चुकी थी कि लगता था कि किसी ने उनके शरीर पर बाल्टी भर पानी उड़ेल दिया हो।

सबसे रोमांचक क्षण उस समय उपस्थित हुआ जब लगभग चार बजे

शास्त्रीय गायन के लिए परिमल बनर्जी स्टेज पर आए।

रेडियो से उनका शास्त्रीय गायन सुनने के कारण इनरदेव भैया उनके नाम से परिचित थे। अत: उठकर उनके चरण-स्पर्श किए।

बनर्जी महोदय कुछ नहीं बोले। शायद उनके सामने समस्या थी, गाएँ तो क्या गाएँ। वादक के हाथ ढोलक है और गायन शास्त्रीय है। दोनों में ताल-मेल नहीं है। अत: मन-ही-मन निर्णय लिया कि लोकगीत ही गाना श्रेयष्कर है।

इनरदेव भैया उनके हाव-भाव और मुखाकृति से समझ गए कि परिमलजी अंतर्द्वंद्व में फँसे हैं और निर्णय नहीं ले पा रहे हैं कि क्या करें। कहीं ऐसा तो नहीं कह देंगे कि तबलावादक की अनुपस्थिति के चलते वे नहीं गा सकेंगे।

अत: उनके निकट जाकर निवेदन किया, ''गुरुवर! मुझे आपसे कुछ सीखने का सौभाग्य नहीं मिला है। फिर भी मेरा सौभाग्य है कि आपकी संगत करने का सुअवसर माँ भगवती ने दिया है। मैंने अपना जीवन भजन-कीर्तन और ईश्वरो-पासना में ही बिताया है। मैंने आज स्टेज पर पैर रखा था तो माँ भगवती से कहा था, ''माँ! आज इनरदेव की अग्नि परीक्षा है। अत: प्रात: का पदार्पण देखकर मैं समझता हूँ कि भैरवी का गायन उपयुक्त होगा'' और पुन: चरण-स्पर्श कर ढोलक के साथ बैठ गए।

परिमलजी कुछ देर तक इनरदेव भैया को देखते रहे। इस बीच इनरदेव भैया ने उद्‌घोषक महोदय से कहा, ''थोड़ा पाउडर मँगा दीजिए। बाँह से पसीना सरकते हुए सीधे ढोलक पर पसर जाता है। हाथ अगर फिसल गया तो त्रुटि होगी।'' उद्‌घोषक डिब्बा भर पाउडर लाकर रख गया।

परिमलजी ने हारमोनियम पर सुर दिया और इनरदेव भैया ने ढोलक का सुर ठीक किया।

परिमलजी ने अलाप लिया और इनरदेव भैया अपलक उनको देखते रहे। जब उन्होंने कहा, ''जागो मोहन प्यारे'' और इनरदेव भैया की ढोलक तबले की मात्रा उगलने लगी। कुछ ही देर में परिमलजी इनरदेव भैया को

'वाह! बहुत सुंदर, शाबाश' आदि शब्दों से प्रोत्साहित करने लगे।

गायन जब मध्यम क्रम के बाद द्रुत लय में पहुँचा तो इनरदेव भैया की उँगलियाँ विद्युतगति से नाचने लगीं। दोनों आँखें बंद थीं। माथे से पसीना लुढ़कते हुए ढोलक पर टप-टप गिर रहा था। लोग 'भगवती माता की जय, इनरदेव की जय' कर रहे थे। वीरेंद्र भैया, नरेंद्र, चक्रम, चंद्रभूषण तो स्टेज के आगे नाच रहे थे।

परिमलजी ने गायन समाप्त किया और उठकर सीधे इनरदेव भैया को गले से लगा लिया। इनरदेव भैया ने जब उनका चरण-स्पर्श किया तो उन्होंने पैर पर खून देखकर कहा, "अरे, यह खून कैसा?"

इनरदेव भैया ने कहा, "गुरुवर! आज खून रंग लाया है।" उनकी दो उँगलियाँ फट चुकी थीं। ढोलक का दाहिना किस्सा पूरा रंग (खून) से सराबोर था।

"यह तुमने क्या किया इनरदेव! मैंने हजारों शिष्य को संगीत की दीक्षा दी। लेकिन किसी ने यह गुरु दक्षिणा मुझे नहीं दी, जो आज तुमने मुझे दी है।" परिमलजी ने कहा।

"गुरुवर! मैं जहाँ कहीं भी गया तो गुरुओं ने मेरे ढोलक को देखकर कहा, "जाओ। किसी कीर्तन मंडली में इसे बजाओ या कोठे पर रंडियों के साथ संगत करो। यह शास्त्रीय गायन का वाद्य नहीं।" मैंने एकलव्य की तरह बिना किसी गुरु के इसकी साधना की है। गाँव, परिवार से लेकर छोटे-बड़े सबने मेरी निंदा की, लेकिन मैंने इसे (ढोलक) नहीं छोड़ा और इसने मुझे नहीं छोड़ा।" इतना कहकर वे रोने लगे।

परिमलजी ने रेडियो स्टेशन के कार्यक्रम—पदाधिकारी को बुलाया और कहा, "रेडियो स्टेशन के डायरेक्टर से मेरी बात कराइए।"

पदाधिकारी ने कहा, "हम लोग डायरेक्टर साहब से बात कर चुके हैं सर! उन्होंने कहा है कि इनरदेव बाबू को साथ लेकर आओ। लेकिन इप्टा वाले नाहक टाँग अड़ा रहे हैं। वे लोग कहते हैं कि इनरदेव बाबू को हम लोग ले जाएँगे।"

"इनरदेव बाबू क्या बाजार की वस्तु हैं, जो ग्राहक मूल्य देकर खरीद लेगा। इनकी इच्छा होगी तो जाएँगे और इच्छा नहीं होगी तो नहीं जाएँगे। इसमें हम या आप दखलअंदाजी करने वाले कौन होते हैं। इनरदेवजी मेरे सामने खड़े हैं। मैं उनसे पूछता हूँ कि वे रेडियो स्टेशन में काम करना पसंद करेंगे या इप्टा के साथ जाना चाहेंगे?" परिमलजी ने कहा।

इनरदेव भैया क्या जानें रेडियो स्टेशन और क्या जानें इप्टा। उनके लिए दोनों काला अक्षर भैंस बराबर हैं। अत: उन्होंने कहा, "गुरुवर! आपका आदेश शिरोधार्य होगा। आप जहाँ कहेंगे, मैं वहीं जाऊँगा।"

परिमलजी ने आशीर्वाद की मुद्रा में इनरदेव भैया के हाथों में एक हजार रुपए देते हुए कहा, "जाओ इनरदेव! रेडियो स्टेशन के माध्यम से अपने कुल एवं इलाके का नाम रोशन करो।"

इनरदेव भैया स्टेज से उतरने लगे तो ड्योढ़ी के भूतपूर्व महाराज ने उन्हें गले से लगाते हुए कहा, "इनरदेव! आज मेरी जमींदारी रहती तो कम-से-कम तमकुलहा की जमींदारी तुम्हारे नाम जरूर कर देते। तुमने आज हमारी प्रतिष्ठा रख ली, अन्यथा हमारी नाक कट जाती। इतना कहकर दो हजार रुपए इनरदेव भैया को देते हुए कहा, "इन रुपयों से उपयुक्त वस्त्रादि खरीदकर कल सवेरे आ जाना। रेडियो कलाकार तुम्हारा इंतजार करेंगे।"

इनरदेव भैया नीचे आए तो पूरे जन समूह ने उन्हें घेर लिया। सबको उत्सुकता थी कि जमींदार साहब क्या कह रहे थे। कुछ लोग बोल रहे थे कि अब जदिया की कीर्तन मंडली को समाप्त ही समझो। यानी जितने मुँह उतनी बातें।

इधर इनरदेव भैया को सिर से पाँव तक पसीने से तर-बतर देखकर नरेंद्र चिल्लाया, "भाई! आप लोग कम-से-कम इनको हवा तो लगने दीजिए। पसीने से धोती तक भीग गई है।" भीड़ हटी तो इनरदेव भैया ने कहा, "वीरेंद्र, हम को ठंडा पानी पिलाओ।"

हम लोग इनको भीड़ से निकालते हुए विश्वनाथ की मिठाई की दुकान पर ले गए। चंद्रभूषण जब तक पानी लाया उससे पहले विश्वनाथ ने एक प्लेट

में सफेद और लाल रसगुल्ले लाकर कहा, ''चाचा! पहले मुँह मीठा कीजिए, तब पानी पीजिएगा। आपने आज जदिया का नाम रोशन कर दिया। पूरी रात लोग आपकी ही चर्चा करते रहे हैं। सबकी जुबान पर एक ही चर्चा थी कि इनरदेव को रेडियो स्टेशन में नौकरी लग गई है।''

इनरदेव भैया बिना कुछ बोले एक रसगुल्ला मुँह में लेकर पाँच-सात गिलास पानी गटागट पी गए।

फिर हम लोगों के साथ घर की ओर चले। रास्ते में उन्होंने कहा, ''वीरेंद्र, हम पटना नहीं जाएँगे। हम अपने बड़े भैया से अलग नहीं रह सकते। उन्होंने मुझे बेटे की तरह पाला है।'' इतना कहकर रोने लगे।

वीरेंद्र भैया ने कहा, ''देखिए भाई साहब! आप बच्चों जैसी बात कर रहे हैं। जब रेडियो स्टेशन पर उद्घोषक कहेगा कि ढोलक पर संगत प्रख्यात वादक इनरदेवजी कर रहे हैं, तब बड़े भैया को कितना गौरव होगा अपने छोटे भाई पर। हम लोग बाहर में कहेंगे कि इनरदेव भैया रेडियो स्टेशन के कलाकार हैं तो लोग कहेंगे कि आपका घर जदिया है? यह सुनकर हम लोगों को कितनी प्रसन्नता होगी? और आप कहते हैं कि हम भाई से अलग नहीं रहेंगे।'' यही सब कहते-समझाते-बुझाते डोमराही के पास पहुँच गए।

इनरदेव भैया ने नरेंद्र से कहा, ''नरेंद्र! बड़का भैया से तुम्हीं बात करना। चिचबा अगर उलटा-सीधा बोल देगा तो सब गुड़-गोबर हो जाएगा।''

''आप निश्चिंत रहिए। हमें ज्यादा नहीं कहना पड़ेगा। जब वे जान जाएँगे कि आपकी रेडियो स्टेशन में नौकरी लग गई है तो वे कितने खुश होंगे, हम लोग समझते हैं।'' नरेंद्र ने कहा।

और कुछ ही देर बाद हम लोग घर पहुँच गए। सभी इनरदेव भैया के साथ उनके घर तक गए कि उनके दरवाजे पर यशोधर काका, भोर काका, राजो भैया, जोगिंदर भैया, जीतन काका, कई लोग बैठे चाय पी रहे थे और शुकदेव भैया कह रहे थे, ''अब मैं मर भी जाऊँगा तो मेरी आत्मा को शांति मिलेगी।''

और इधर इनरदेव भैया सहमे हुए खड़े थे कि बड़े भैया अब पूछेंगे

कि रातभर कहाँ थे ? कहाँ खाए, क्या खाए, कहाँ सोए ? ऐसे ढेर सारे प्रश्न पूछेंगे और मैं चुपचाप सुनता रहूँगा। लेकिन आज न तो कोई प्रश्न पूछ रहे हैं और न चेहरे पर आक्रोश, बल्कि आँखें डबडबाई हुईं, मुझे टकटकी लगाए देख रहे हैं। मौन भंग करते हुए चंद्रभूषण ने इनरदेव भैया से कहा, ''चुपचाप खड़े होकर देख क्या रहे हैं ? चरण छूकर सबका आशीर्वाद तो लीजिए।''

इनरदेव भैया एक तरफ से सबके चरण छूने लगे। लेकिन शुकदेव भैया के चरण स्पर्श करते ही बच्चों की भाँति रोने लगे।

शुकदेव भैया ने कहा, ''जब मैं तेरे भविष्य पर रोता था तो तू हँसता था और आज जब मैं हँसता हूँ तो तू रोता क्यों है रे। जा, पटना जाने की तैयारी कर।'' इतना कहकर वे भीतर चले गए।

हम लोग भी घर की ओर चले तो चक्रम ने कहा, ''देखो चंद्रभूषण। ठीक बारह बजे सामान खरीदने बाजार जाना है। एक वी.आई.पी., दो जोड़ी धोती, चार कमीज, दो गंजी और एक बाटा की चप्पल। इतना सामान खरीदना जरूरी है।''

और ठीक बारह बजे चक्रम, चंद्रभूषण और नरेंद्र ने सभी सामान लाकर इनरदेव भैया को सुपुर्द कर शेष रकम लौटा दी।

और जब पाँच बजे रेडियो स्टेशन के लोग इन्हें लेने आए तो सारा परिदृश्य बदल गया। इन्होंने स्पष्ट कह दिया कि मैं पटना नहीं जाऊँगा। शुकदेव भैया समझाने गए तो उनका गला पकड़कर कहने लगे, ''भैया! मैं आपसे अलग नहीं हो सकता। मैं दुनिया का हर एक कष्ट झेलने को तैयार हूँ। लेकिन आपसे जुदाई का कष्ट मैं झेल नहीं सकता।'' इतना कहकर जार-बेजार रोने लगे। शुकदेव भैया की भी स्थिति यह नहीं थी कि वे कुछ समझा सकें या कुछ कह सकें। वे भी ऐसे रो रहे थे जैसे लड़की की विदाई में जो भी समझाने जाता है, वह भी रोने लगता है। चक्रम दूर खड़ा सब कुछ देख रहा था, जबकि उसकी भी आँखों से अविरल अश्रुधार बह रही थी। फिर भी उसने आँखों को पोंछते हुए कहा, ''क्या वीरेंद्र भैया! आप लोग कुछ करेंगे या रेडियो वाले को लौट जाने को कहेंगे। इसके कपाड़ में कुत्ता मूत दिया है।

जिंदगी भर अष्टायाम में ढोलक बजाएगा और घुट-घुट कर मरेगा।''

वीरेंद्र भाई ने कहा, ''देखो चक्रम! तुम नाहक मुझ पर तोहमत डालते हो। हम क्या करें? परिस्थिति ऐसी है कि लक्ष्मण कह रहा है कि हम राम के बिना नहीं रह सकते। हम भी जंगल जाएँगे। वही स्थिति यहाँ की है और वे भी रोने लगे।''

ऐन वक्त पर नरेंद्र आगे बढ़ा और इनरदेव भैया के हाथों को दोनों भाइयों से अलग करते हुए कहा, ''चंद्रभूषण! बैठाओ इनको गाड़ी में और इनका वी.आई.पी. लाओ। ये जाएँगे, इनको जाना है और सबने मिलकर इनरदेव भैया को गाड़ी में बैठा दिया। नरेंद्र ने कहा, ''गाड़ी स्टार्ट कीजिए, सब ठीक हो जाएगा। आदमी भावुक है, भावना प्रधान व्यक्ति अपना हानि-लाभ नहीं देखता है।'' और गाड़ी चल पड़ी। धीरे-धीरे सभी आदमी चले गए।

अब प्रश्न यह खड़ा हुआ कि मोहल्ले में रेडियो है नहीं। हम लोग इनरदेव भाई का वादन सुनेंगे कैसे?

नरेंद्र ने कहा, ''इसकी चिंता मत कीजिए। हम लाल भैया (वीरेंद्र भाई) से रेडियो खरीदने के लिए कहेंगे। वे मेरी बात नहीं काटेंगे।''

''देखो नरेनमा! तुम्हारे इसी खचरपनी के चलते हम तुमको कभी साथ नहीं करते हैं। रेडियो क्या जदिया हटिया का आलू है, जो गए और खरीद लाए। इसके लिए कटिहार जाना पड़ेगा। यदि खराब हुआ तो फिर कटिहार ही जाना पड़ेगा। कौन जाएगा? तुम जाओगे?

चंद्रभूषण बीच में ही बोल पड़ा, ''आप लोग नाहक बहस करते हैं। हम लोग बाबा (अनंतदासजी) को कहेंगे तो वे निर्धन दासजी का रेडियो मँगा देंगे। उनका हिंदी रेडियो। साला बजता है तो गुमानचंद के गोला तक आवाज पहुँच जाता है। लेकिन उसका जुगाड़ है बड़ा भारी। दो लंबा बाँस, उसमें करीब बीस फीट लंबा तार बाँधो। फिर बीच में एक उतना ही लंबा तार बाँधकर रेडियो से लगाओ। यह सब कौन करेगा?''

राम काका बोल उठे, ''पानी में मछली और नौ कुटिया बखरा। अरे, पहले रेडियो तो मँगा लो। मैं सारी व्यवस्था कर दूँगा।'' इतना कहकर राम

काका ने विपिन से कहा, "तुम्हारे बसबिट्टी से हमको दो बाँस चाहिए। मजबूत और सीधा।"

"राम काका! बाँस मैं देने को तैयार हूँ, लेकिन आप मेरे बाप को जानते हैं। वे जब जानेंगे तो बाँस क्या मजबूत होगा, पहले हमको अपनी पीठ मजबूत करनी होगी। इसलिए चोरी अगर पकड़ी गई तो मैं अपने को निर्दोष साबित करूँगा। बाकी आप जानें और आपका काम जाने।"

"तुम चिंता मत करो। उनका जो सी.आई.डी. प्रमोदिया है, उससे बात हो गई है। उसको दो रुपए दे चुके हैं। वही काटेगा। केवल खतरा एक है कि बाँस को गड़ा और खड़ा देखकर कहेगा कि मेरी ही बसबिट्टी का बाँस है। तो हम लोग कहेंगे, क्या आपके ही बसबिट्टी में हरौत बाँस है? मौजी लाल के बसबिट्टी में तो केवल हरौत बाँस है। हम लोग जयनारायण से खरीदकर लाए हैं। जयनारायण गाँव में है ही नहीं, तब पुरबासाय होगा किससे?" राम काका ने कहा।

"अरे पुरबासाय होगा बाद में। जब वे बाँस कटा देखकर माय-बहन की गाली देंगे, तब वह अशीर्वाद मेरे सिवा सुनेगा कौन? तब दो ही बात होगी। मैं विपिन का नाम कहूँगा या उनका कपाड़ फोड़ डालूँगा।"

इस बात पर विपिन झल्ला उठा। कहा, "राम काका! मुँह मारे आपके रेडियो को। हम बाँस भी देंगे और बाप का कपार भी फोड़वाएँगे।" कहकर चल दिया।

राम काका ने देखा कि कल रेडियो से पहले तांडव मचेगा। सभी रेडियो सुनेंगे और हम गाली सुनेंगे। लेकिन हुआ कुछ नहीं, क्योंकि जीवन काका बिसुनियाँ में जाकर बीमार हो गए और इधर बाबा के यहाँ हम लोग रेडियो सुनने लगे।

सच पूछिए तो रेडियो से हम लोगों का ताल्लुक इतना ही था कि कब इनरदेव भैया ढोलक बजाएँगे। रेडियो से उद्घोषणा होती थी, "यह आकाशवाणी है। अब आप विंध्यवासिनी देवी से सुगम संगीत सुनिए। उनके साथ ढोलक पर संगत कर रहे हैं, इनरदेव जदिया वाले।" इतना सुनते ही

सामने बैठे सारे श्रोता एक स्वर में चिल्ला उठते थे, ''इनरदेव बाबू की जय।'' कितने डॉक्टर, इंजीनियर और अफसर गाँव में हुए, लेकिन जदिया को लोगों ने जाना, बाबू इनरदेव सिंह के चलते। वाह रे! माटी के लाल।

लेकिन जो होना था। पंद्रह दिन के बाद निर्धनदासजी का आदमी रेडियो लेने के लिए पहुँच गया और रेडियो चला गया। शाम को कोई रेडियो सुनने के लिए दो किलोमीटर जाए, यह संभव नहीं था। अतः शाम का हमलोग आपस में बैठकर एक बार इनरदेव भैया की चर्चा अवश्य कर लिया करते थे। सबसे अधिक चर्चा उस दिन होती थी, जिस दिन शुकदेव भैया के नाम से मनीऑर्डर आता था। महीने की एक तारीख से पाँच तारीख के बीच तीन सौ रुपए इनरदेव भैया उन्हें भेज दिया करते थे। उन दिनों तीन सौ रुपए एक बड़ी रकम होती थी। शुकदेव भैया ने इनरदेव भाई का नया घर बना दिया। ईंट की दीवार, ऊपर खपरैल। आँगन में पाइप और पाँच बीघा सूद भरना जमीन। सभी खुशहाल चैन की जिंदगी जीने लगे थे। लेकिन धीरे-धीरे शुकदेव भैया का स्वास्थ्य गिरने लगा। कोरियापट्टी के अस्पताल के डॉक्टरों ने जवाब दे दिया। कह दिया बाहर ले जाइए।

इनरदेव भैया को पत्र लिखा गया तो उन्होंने जवाब दिया कि मैं पटना अस्पताल में भरती हूँ। मेरा इलाज चल रहा है। भाईजी किसी के साथ पटना चले आएँ, अन्यथा मैं स्वस्थ होते ही पहुँच जाऊँगा। उनका पत्र पढ़कर शुकदेव भैया ने कह दिया कि एक तो वह खुद बीमार है, ऊपर से मैं जाकर उस पर बोझ नहीं बन सकता, मुझे यहीं मरना है।

''आपको पटना मैं पहुँचा दूँगा। सात बजे यहाँ से डायरेक्ट बस पटना के लिए जाती है। मैं आपके साथ चलूँगा।'' ललन ने कहा।

''नहीं रे, तू क्या जानेगा भाई का दर्द। खुद बीमार है और परसों दो सौ का मनीऑर्डर आया है। मैंने जब पोस्टमास्टर से पूछा कि दो सौ क्यों दे रहे हो'' तो डाक बाबू ने कूपन पर लिखा पढ़कर सुनाया। ''मैं बीमार हो गया हूँ। इलाज में खर्च ज्यादा हो रहा है। इसलिए दो सौ रुपए ही भेज रहा हूँ। स्वस्थ होते ही घर आ जाऊँगा, चिंता नहीं करें। भगवान का लिखा कोई

नहीं टाल सकता।" इनरदेव।

"इस स्थिति में जाकर मैं बोझ बन जाऊँ, अरे! जब मरना ही होगा तो क्या पटना में आदमी नहीं मरता है? मैंने कह दिया कि मैं कहीं नहीं जाऊँगा, कहीं नहीं जाऊँगा।"

फिर भी वीरेंद्र भैया, चक्रम और नरेंद्र इस प्रयास में लगे थे कि शुकदेव भैया पटना चले जाएँ। पता नहीं चंद्रभूषण सबसे क्यों कह रहा था, "आप लोग क्यों जिद कर रहे हैं। यदि ये नहीं जाना चाहते हैं तो इनको यहीं रहने दीजिए।"

एक बार नरेंद्र बिगड़ते हुए कहा, "चंद्रभूषण! क्या सबसे काबिल तुम्हीं हो जो इतने लोगों के विचार के विपरीत बोलते हो? जब डॉक्टर दीपक बाबू भी इनके पुरजा पर लिख दिए हैं कि रेफर्ड टू पटना, तो तुम माथा क्यों लगाते हो?"

"चाचा! आप नहीं समझते हैं। ये अगर पटना जाएँगे तो पहुँचते ही मर जाएँगे।" इसके बाद चंद्रभूषण बात को ऐसे मोड़ देता था कि लगता था कुछ बात ऐसी है कि वह छिपा रहा है। उसकी जुबान पर बात आते-आते रुक जाती है और वह कुछ छुपाने का प्रयत्न कर रहा है।

वीरेंद्र भाई ने चंद्रभूषण को बुलाया और सीधे बाबा की ठाकुर बाड़ी में ले जाकर कहा, "चंद्रभूषण, भगवान के सामने खड़े हो सच-सच बताओ कि बात क्या है? तुम शुकदेव भैया को पटना ले जाने का विरोध क्यों कर रहे हो?"

चंद्रभूषण ने कहा, "आप भी वीरेंद्र चाचा, गजब की बात करते हैं। मैं कौन होता हूँ उन्हें रोकने वाला और मेरे रोकने से वे रुक जाएँगे क्या? मैं तो उनकी जिद देखकर बीमार की भावना को तसल्ली दे रहा था।"

फिर भी वीरेंद्र भाई को लगा कि चंद्रभूषण कुछ छुपा रहा है। क्योंकि वे ब्लॉक की नौकरी में आम लोगों के कथ्य को बिना कहे समझ जाते थे। झूठ बोलने वाले की तो मुखाकृति से मूल्यांकन कर लेते थे। अतः कहा, "चंद्रभूषण! हनुमानजी की मूर्ति छूकर कहो कि तुम सच बोल रहे हो।"

इतना सुनते ही चंद्रभूषण टूट गया और फफक-फफक कर रोने लगा और कहा, "वीरेंद्र चाचा! बात कुछ ऐसी है, जो अभी नहीं बोलने का मैं सौगंध इनरदेव चाचा से ले चुका हूँ। लेकिन भगवान के सामने झूठ बोल भी नहीं सकता हूँ। अतः आप मुझे सच बोलने के लिए बाध्य मत कीजिए। अगर मैं सच बोल दूँगा तो शुकदेव चाचा का परिवार ही नहीं, जदिया के कई लोग मर जाएँगे। अतः अभी मुझे मौन रह जाने दीजिए। दो-चार दिनों में सभी देखेंगे, सभी जान जाएँगे।"

वीरेंद्र भाई ने अपना धैर्य खो दिया और हनुमानजी की मूर्ति को छूते हुए कहा, "चंद्रभूषण! बजरंगबली की सौगंध खाकर कहता हूँ कि मैं कहीं नहीं बोलूँगा। तुम मुझे सच-सच बताओ कि बात क्या है?"

"परसों शाम को पटनावाली बस के ड्राइवर ने कहा, "चंद्रभूषणजी! आपको आज पटना चलना है। नंदू कंडक्टर बीमार हो गया है। इसलिए मालिक ने खबर दी है कि चंद्रभूषण को साथ ले लो।"

पटना सवेरे सात बजे पहुँच गया। वहाँ दिनभर आराम करने के बाद साढ़े सात से आठ बजे रात को फिर लौटना था। अतः मन में भाव आया कि क्यों न इनरदेव चाचा से मुलाकात कर ली जाए और मैंने ड्राइवर से कह दिया कि मैं दो घंटे बाद वापस आ रहा हूँ।"

ड्राईवर ने मना करते हुए कहा, "नहा-धोकर खाइए और आराम कीजिए। रात भर जगे हैं और रात भर फिर जगना है, यह साला पेट जो न कराए। जब दुनिया सोती है तब हम जागते हैं और दुनिया जब जागती है तब हम सोते हैं।" चक्रम बाबू ठीक कहते हैं, "तुम लोग उल्लू हो।"

मैंने कहा, "भैया, आँख तो मेरी भी झपक रही है, लेकिन यहाँ आकर उनसे नहीं मिलना नाइनसाफी होगी। इसलिए समझिएगा कि गया और आ गया।"

इतने में एक टेंपू वाला चिल्लाया, "गांधी मैदान-गांधी मैदान जिसे जाना है, आ जाएँ।" और मैं टेंपू पर सवार हो गया। मुझे पता था कि गांधी मैदान की बगल की गली में वे रहते हैं। इसलिए डेरा खोजने में दिक्कत नहीं

हुई। लेकिन डेरे में तो ताला लगा था। बगल की चाय की दुकान पर जाकर एक कप चाय ली और उससे पूछा, ''भाई साहब! यहाँ रेडियो स्टेशन में काम करनेवाले रहते हैं ?''

''कौन, इनरदेवजी ?'' चायवाले ने कहा।

मैंने कहा, ''हाँ-हाँ, मैं उन्हीं को ढूँढ़ रहा हूँ।''

''वे तो पी.एम.सी.एच. में भरती हैं। मैंने जितनी चाय पी थी, छोड़कर तुरंत टेंपू से पी.एम.सी.एच. चलने को तैयार हो गया, तो चाय वाले ने मुझसे पूछा कि इनरदेव बाबू आपके कौन लगते हैं ?''

मैंने कहा, ''वे मेरे चाचा हैं।''

मुझे लगा कि चाय वाला कुछ और कहना चाह रहा था, लेकिन संबंध बतलाने पर उसने आगे कुछ कहने की बजाय इतना ही कहा, ''आप उनको सर्जिकल वार्ड में खोजिएगा।''

सर्जिकल वार्ड माने ऑपरेशन! सुनते ही मेरा मानसिक संतुलन बिगड़ गया। मैंने चायवाले को पैसे देने चाहे तो उसने कहा, ''इनरदेव बाबू, सुबह और शाम यहीं चाय पीते हैं। आप उनके भतीजे हैं और मैं पैसा लूँगा तो मुझे बड़ा कष्ट होगा, क्योंकि विगत दो वर्षों से वे मेरे यहाँ ही चाय पीते रहे हैं, कभी हिसाब नहीं किया। मैंने जो कहा, उन्होंने आँख मूँदकर दे दिया। इसलिए माफ कीजिए। पहले आप उनसे मिल लीजिए।''

मैंने यहाँ समय गँवाना निरर्थक समझा, क्योंकि मुझे लौटकर थोड़ी देर आराम करना जरूरी था। अतः चल दिया तो चायवाले ने अपने नौकर से कहा कि इनको महेंद्र वाले टेंपू पर बैठा देना और टेंपूवाले से कहना कि पी.एम.सी.एच. के मेन गेट पर इन्हें उतार देगा।

और टेंपू वाले ने मुझे ठीक पी.एच.सी.एच. के गेट पर उतार दिया।

भीतर जाने पर मुझे लगा कि मैं कहाँ पहुँच गया। जिसे भी पूछता था कि सर्जिकल वार्ड किधर है तो सभी इस तरह बताते थे कि मुझे कुछ पता ही नहीं चलता था। अंत में विचार किया कि हर बरामदे में घूमकर देख लेते हैं। लेकिन भगवद् कृपा, एक बरामदे में डॉक्टर से बात करते इनरदेव चाचा मिल गए।

मैंने पैर छूकर प्रणाम किया तो आशीर्वाद के लिए उन्होंने हाथ बढ़ाया तो उनके दाहिने हाथ में पट्टी बँधी देखा। मैं जब तक इसके बारे में पूछता उससे पहले उन्होंने पूछ दिया कि बड़े भैया कैसे हैं ? भौजी कैसी हैं ? वीरेंद्र कैसा है ? चक्रम कैसा है। लेकिन एक बार भी नहीं पूछा कि मेरी पत्नी कैसी है ? मेरे बच्चे कैसे हैं ?

और जब उनका पूछना बंद हुआ तो मैंने पूछा, ''यह आपके हाथ में पट्टी ?''

''चलो, एक अध्याय समाप्त हो गया। मैं दो-चार दिनों में घर आ रहा हूँ।'' इनरदेव चाचा ने कहा।

''हाथ में क्या हुआ ? कुछ तो बताइए।'' मैंने पूछा।

''सुनकर क्या करोगे, यही समझो कि इनरदेव मर गया।''

इतना सुनते ही मेरा माथा चकराने लगा। मैंने कहा, ''चाचा! आप स्पष्ट बताइए, अन्यथा मैं गिर जाऊँगा।''

''इसीलिए तो नहीं कह रहा हूँ। सुनोगे तो दुःख होगा, लेकिन क्या करोगे। जिस भगवान् का जीवनभर भजन-कीर्तन किया, उसे ही अगर मंजूर नहीं हुआ तो इनरदेव क्या करेगा।''

मैंने कहा, ''चाचाजी! आप मुझे साफ-साफ बताइए कि बात क्या है। अन्यथा मैं सही-सलामत लौट नहीं पाऊँगा।''

तब उन्होंने मुझसे पहले शर्त रखवाई कि गाँव में किसी से कहोगे तो नहीं।

मैंने कहा, ''नहीं।''

''मेरे दाहिने हाथ की चारों उँगलियाँ कट गई हैं। डॉक्टर ने कहा, ''उँगलियों में कैंसर हो गया है। अगर देरी होगी तो हाथ काटना होगा।'' इसलिए उँगलियाँ काट दी गई हैं। यह बात तुम अगर गाँव में बोलोगे तो बड़े भैया बहुत दुःखी होंगे। अब तो मुझे भी गाँव लौटना ही होगा, क्योंकि जब मैं ढोलक नहीं बजा पाऊँगा तो मुझे आकाशवाणी रखेगा क्यों ?''

इतना सुनते ही मेरे पाँव के नीचे की जमीन खिसक गई और मैं रोने

लगा। लेकिन धैर्य उनका देखिए। वाह रे मर्द! कहने लगे कि अरे चंद्रभूषण तू रोता क्यों है? इन दो वर्षों के पहले इनरदेव कौन सा रेडियो स्टेशन में नौकरी करता था? यह तो मेरी परीक्षा थी, इनरदेव पास करके लौट रहा है। चल कुछ चाय-नाश्ता कर ले।

मैंने कहा, ''अब मुझे जाने दीजिए। कुछ देर आराम कर लूँगा, अन्यथा रात में दिक्कत होगी।'' इतना कहकर मैं चलने लगा तो सौ का नोट देते हुए कहे, नाश्ता कर लेना। बाएँ हाथ से जबरदस्ती मेरी जेब में रुपए रख दिए। मैं उनके दाहिने हाथ की लाचारी देखकर न नहीं कर सका।

चलते-चलते भी उन्होंने कहा, ''मेरे गाँव पहुँचने के पहले किसी से मत कहना।''

यही कारण है कि मैंने आपसे भी यह बात नहीं कही। लेकिन जब आपने हनुमानजी की सौगंध दी तो कहना पड़ा। आप भी किसी से मत बोलिएगा। अन्यथा मैं पागल नहीं हूँ कि एक बीमार भाई को पटना इलाज कराने से मना करता।

लेकिन अगर उनको पटना नहीं भेजा गया तो एक दो दिन से अधिक सरवाइव नहीं कर सकेंगे। आज दो बार खून की उल्टी हुई है। पूरा काला, थक्का जमा हुआ। वीरेंद्र भाई ने कहा।

दोनों आदमी मंदिर से बाहर आए तो नरेंद्र ने कहा, ''चलिए शुकदेव भैया के दरवाजे पर पूरे मोहल्ले के लोग जमा हैं। सभी का कहना है कि अगर उनको कुछ हो गया तो इनरदेव एक ही प्रश्न सभी से करेगा कि मेरा भाई बीमार था तो आप लोग इन्हें पटना लेकर क्यों नहीं आए? कोई साथ जाने वाला नहीं था तो पटना वाली बस पर चढ़ा देते। मैं वहाँ उनको उतार लेता। इस हिजड़े की बस्ती में कोई मर्द नहीं था क्या?''

लेकिन सच से वाकिफ चंद्रभूषण के बाद वीरेंद्रजी ही थे जो पटना की स्थिति को जानते थे। चंद्रभूषण वक्त की नाजुकी समझ रहा था। उसने कहा, ''आप लोग पटना-पटना की रट लगाए हुए हैं। लेकिन बीमार की स्थिति नहीं देख रहे हैं। पटनावाली बस कल साढ़े पाँच बजे खुलेगी। इतनी

देर की गारंटी कौन लेगा कि इस बीच मरीज को कुछ नहीं होगा। सबकी चुप्पी देखकर उसने कहा, ''मेरा विचार मानें तो मैं यही कहूँगा कि इनको पूर्णियाँ ले चलिए। वहाँ होप हॉस्पिटल में भरती करा देंगे। अगर डॉक्टर वहाँ भी जवाब देगा तो सिलीगुड़ी लेकर चले जाएँगे।''

बीच में ही रामकाका बोल उठे, ''चंद्रभूषण ठीक कह रहा है। सिलीगुड़ी ही ले जाइए। अरे मुझसे उठा नहीं जाता था। कहाँ-कहाँ नहीं इलाज कराया, लेकिन सिलीगुड़ी की दवा से आज क्या हूँ, आप लोग भी देख रहे हैं।''

राम काका की बात काटते हुए नरेंद्र ने कहा, ''अरे सिलीगुड़ी कोई तमकुलहा है कि गाड़ी पर चढ़े और पहुँच गए। वहाँ जाने में कम-से-कम बीस घंटा लगेगा, मेरी बात मानिए। इनको मुरलीगंज लेकर चलिए, गोपाल भैया वहाँ से सब इंतजाम कर देंगे। उनकी अपनी गाड़ी है, वे डॉक्टर से परामर्श लेकर जैसा होगा वैसा करेंगे।

इतना सुनते ही ललन बोल उठा, ''नरेंद्र चाचा! हम आपके विचार से सहमत हैं। अरे वे आदमी नहीं देवता हैं। आज ललन आपके बीच खड़ा है उन्हीं की बदौलत, मैं अपने पिता को उन्हीं के पास ले जाऊँगा।''

इसी बीच शुकदेव भैया को उल्टी हुई और निछक्का खून। आँगन में पाँच गज के घेरे में सिर्फ खून-ही-खून।

अफरा-तफरी मच गई। पवन डॉक्टर अशोक को बुलाने के लिए गया। अशोक ने कहा, ''हम जाकर क्या करेंगे। आज आठ दिनों से कह रहे हैं कि बाहर ले जाइए, लेकिन कोई मेरी बात सुनता ही नहीं है और कुछ हो जाएगा तो कहेगा, अशोक सुइया दे-देकर मार दिया।'' लेकिन पवन के जिद करने पर आया और सुई देकर कहा, ''आप लोग देर मत कीजिए, जल्दी पूर्णियाँ लेकर जाइए।''

चंद्रभूषण इतनी ही देर में स्टैंड से एक जीप ले आया। उस पर बिछावन लगाया गया और ललन, चंद्रभूषण और लोहा सिंह साथ चले। जीप जब टोले से बाहर निकली तो अशोक ने कह दिया, ''ही विल नॉट सरवाइव।'' और

कुमार खंड पहुँचने के पहले ही एक बार फिर खून की उल्टी हुई और साँस रुक गई। फिर भी कुमार खंड अस्पताल में डॉक्टरों को दिखाया तो डॉक्टर ने मृत घोषित कर दिया।

ललन जोर-जोर से रोने लगा तो लोहा सिंह ने कहा, ''देखो ललन, यह प्रकृति का नियम है। आया है सो जाएगा, अब आगे की सुधी लो।'' मेरे विचार से चंद्रभूषण को यदि छोड़ देते हैं। जदिया से पटना वाली बस आएगी और वह पटना जाकर इनरदेव भैया को ले आएगा और हम लोग घर पर उनके आने का इंतजार करेंगे।

चंद्रभूषण पटना के यथार्थ से वाकिफ था। इसलिए वह जाना नहीं चाहता था, क्योंकि इनरदेव भैया पहला प्रश्न करेंगे कि तुम तो दो दिन पहले मिलकर गए ही थे। फिर क्या हुआ कि मुझे बुलाने आए हो? क्या कुछ विशेष घटना घर में घट गई है? बड़े भैया अच्छे हैं कि नहीं? ऐसे ढेर सारे प्रश्न करेंगे और मैं क्या जबाव दूँगा? ऐसे ढेर सारे प्रश्नों से चंद्रभूषण जूझ रहा था। उसने स्पष्ट कह दिया कि मैं नहीं जा पाऊँगा, किसी दूसरे को भेज दीजिए।

लोहा सिंह ने कहा, ''देखो चंद्रभूषण! तुमने उनका डेरा देखा है और दूसरा जाएगा तो पटना में दिक्कत होगी। साथ ही तुम्हें किराया नहीं लगेगा और हम लोग जाएँगे तो ढाई सौ का चूना अलग से लगेगा। इसलिए तुम जाओ।''

लेकिन चंद्रभूषण जब तैयार नहीं हुआ तब राधेजी को जाना पड़ा। इनरदेव भैया दूसरे दिन राधेजी के साथ हाजिर हो गए। उनके पहुँचने पर घर के सभी लोग इस तरह रोने लगे कि उपस्थित लोग भी अपनी आँखों में आँसू रोक नहीं सके।

इनरदेव भैया बड़े भाई के मृत शरीर के पास अपनी कटी उँगलियाँ दिखाकर कहने लगे, ''भाईजी! देखिए अब मैं कभी ढोलक नहीं बजाऊँगा। आप कहते थे कि ढोलक मत बजाओ। देखिए, अब मैं ढोलक कभी नहीं बजाऊँगा।''

□

आइए डॉक्टर बनिए

जिस आदमी को सर्दी की दवा के बारे में न पता हो, सिरिंज में दवा भरना नहीं आता हो और खुद बीमार होने पर सवेरे से डॉक्टर साहब के यहाँ लाइन लगाकर बैठा हो, उसी आदमी को यदि लोग 'डॉक्टर साहब' कहकर बुलाता हो तो आपको कैसा लगता है? आपकी इच्छा नहीं होती है कि लोग मुझे भी डॉक्टर साहब कहकर बुलाते।

अगर आप चाहते हैं कि लोग आपको भी डॉक्टर साहब कहें तो आइए मेरे पास मैं आपको डॉक्टर बनाता हूँ। बहुत सरल काम है, मिडिल और हाईस्कूल पास करने के लिए पढ़ना पड़ता है, परीक्षा देनी पड़ती है और पास-फेल होने का भय भी बना रहता है। लेकिन इस डॉक्टर बनने में सियोर सॉट है। हम आपको पी-एच.डी. की उपाधि दिला देंगे और आप डॉक्टर साहब कहलाने लगेंगे।

आपको विश्वास नहीं हो रहा है, क्योंकि अपने जमाने में आपमें शोध जैसी तपस्या करने का आत्मिक बल था। शोधार्थी विश्वविद्यालय की लाइब्रेरियों को छान मारते थे। कभी खुदाबख्स लाइब्रेरी तो कभी सिंहा लाइब्रेरी। विषय भी ऐसा कि कभी हिंदी के विद्वान विभागाध्यक्ष के पास तो कभी संस्कृत के प्रकांड विद्वान के पास, जैसे—'स्वातंत्र्योत्तर हिंदी एवं संस्कृत पत्रिकाओं का तुलनात्मक अनुशीलन।'

यदि आप सही में शोधार्थी हैं तो कल्पना कीजिए कि इस विषय पर शोध करने के लिए आपको कितने पापड़ बेलने पड़ेंगे।

हिंदी वाले बी.एच.यू. का रास्ता बताएँगे तो संस्कृत वाले संस्कृत विश्वविद्यालय भेज देंगे। वहाँ अगर पहुँच भी गए तो ऐसा नहीं है कि आपके निमित्त सबकुछ तैयार है। महीनों संबंधित विषय की पुस्तकों और पत्र-पत्रिकाओं की खाक छाननी होगी।

लेकिन यह सब उस जमाने की बात है जब शोधार्थी, शोधकाल में ही उस विषय के विशेषज्ञ हो जाते थे। क्योंकि सामग्री संकलन के लिए उन्हें खुद स्वाध्याय करना पड़ता था।

आजकल तो सबकुछ रेडिमेड है। बस एक सुपरवाइजर की पूँछ पकड़ लीजिए और वैतरणी पार।

अब आप सोच रहे हैं कि यह सुपरवाइजर नामक जीव कहाँ मिलेगा। इसे आपको खोजने में कहीं कठिनाई नहीं होगी। मधेपुरा में आप एक ढेला किसी भी दिशा में फेंक दीजिए, वह ढेला सुपरवाइजर के माथे पर ही गिरेगा। इस जीव का दूसरा नाम यहाँ 'गाइड' के रूप में प्रचलित है।

उनसे मिलने के लिए आप हरिसाह की मिठाई की दुकान से एक किलो 'राज-भोग' मिठाई खरीदकर सीधे उनके दरवाजे पर पहुँच जाइए। घंटी बजाने पर आपके सामने महिला या पुरुष जो भी सामने आएँ, आप विनम्रता से कहिए कि मैं अमुक साहब से मिलना चाहता हूँ।

अगर वे कह दें कि बोलिए, क्या काम है तो आप झट से झुककर चरणरज माथे से लगाते हुए मिठाई का पैकेट बढ़ा दीजिए और कहिए सर बच्चों के लिए सौगात लाए हैं।

गाइड महोदय आपको भीतर ले जाकर ड्राइंग रूप में सोफे पर बैठाएँगे और पूछेंगे, "पी-एच.डी. करना चाहते हैं?"

"जी सर।" आप कहिए।

उसके बाद भूमिका शुरू होगी। देखिए, आप थोड़ा देर से आए हैं। संयोग से मेरे पास एक ही जगह बची है और कई आदमी मेरे पास आ चुके हैं। कल सांसद महोदय स्वयं एक विद्यार्थी को लेकर आए थे। बड़ी मुश्किल से पिंड छुड़ा पाए हैं। खैर, जब आप आ गए हैं तो कुछ-न-कुछ हम आपके

लिए जुगाड़ लगाएँगे। लेकिन आप तो जानते हैं कि पी–एच.डी. करना काफी मेहनत का काम है।

"जी सर! इसीलिए आपकी शरण में आया हूँ। दरअसल, मैं एक प्रस्तावित महाविद्यालय में कार्यरत हूँ। बाल–बच्चेदार होने के कारण परिवार का भी जुगाड़ करना पड़ता है। फिर भी मैं सामर्थ्यभर खर्च करने को तैयार हूँ।"

देखिए, अब लेक्चरर होने के लिए पी–एच.डी. होना अनिवार्य हो गया है। इसके लिए आपको छह महीना यूनिवर्सिटी में क्लास लेनी होगी। अगर आप क्लास लेने में असमर्थ होंगे तो मैं उसका भी जुगाड़ कर दूँगा।

इधर मैं आपका सिनोपसिस तैयार करने में लग जाऊँगा। जिसके लिए संदर्भ और विषय का चयन ऐसा करना होगा कि शोध डिग्री समिति की बैठक में सारे विशेषज्ञों को आप जो जवाब देंगे वह उन्हें मान्य होगा। जैसे—'मधुबाला और माधुरी दीक्षित की मुसकान कला का सौंदर्य शास्त्रीय अध्ययन।'

मल्लिका सेरावत की स्वच्छंदवादी चेतना और अर्द्धनग्न कला पक्षीय बिंब विधान का किशोरियों पर प्रभाव।

शैलेंद्र एवं हसरत जयपुरी के गीतों में सांस्कृतिक एवं सामाजिक चेतना का छंद शास्त्रीय अध्ययन।

ऐसे टॉपिक पर लिखने के लिए इसलिए कह रहा हूँ कि शोध डिग्री समिति में जो भी सदस्य एक्सपर्ट के रूप में आएँगे उन्होंने न तो माधुरी दीक्षित की मुसकान देखी होगी और न मल्लिका सेरावत का अर्द्धनग्न शरीर। अतः आपकी हर बात को उन्हें मानना ही होगा और आपको डॉक्टर की उपाधि मिलने से कोई नहीं रोक सकता है।

लेकिन इस फड़कती सिनोपसिस को तैयार करने के लिए मेरे सहयोगी को कई बार मुंबई की यात्रा करनी होगी। पाँच सितारा होटलों में टाइम लेकर इन अभिनेत्रियों का इंटरव्यू लेना पड़ेगा। इसलिए कम–से–कम पचास हजार की राशि तो आपको तत्काल जमा करनी होगी या आपने खुद ही सिनोपसिस

तैयार कर ली है या किसी से तैयार करवाकर लाए हैं तो मुझे दीजिए। क्योंकि मुझे यह देखना पड़ेगा कि इस टॉपिक पर पहले शोध कार्य हुआ है या नहीं। अगर हो गया होगा तो आपका सिनोपसिस रिजेक्ट हो जाएगा और आप न घर के रहेंगे और न घाट के।

आप विनम्र होकर कहिएगा कि "सर! कोई ऐसा टॉपिक दिया जाए कि मुंबई, दिल्ली की यात्रा न करनी पड़े अन्यथा इतने खर्च का वहन मैं तत्काल नहीं कर पाऊँगा।" इतना कहकर उसी तरह देखिएगा जिस तरह दशहरा में दुर्गाजी के आगे काटा जाने वाला छागर काटने वाले का मुख देखता है।

वे तत्क्षण रुपए को पॉकेट में रखते हुए भीतर से एक आठ-दस पन्ने का टाइप किया हुआ कागज लाएँगे, जिसके मुखपृष्ठ पर लिखा हुआ होगा, 'भूरा बाल साफ करो का सामाजिक न्यायवादी विचारधारा और माय समीकरण का भारतीय राजनीति में क्रांतिकारी चिंतन।'

और नीचे आपका नाम और सुपरवाइजर की जगह उनका नाम होगा।

अंतिम पृष्ठ पर एक लंबी पुस्तक सूची होगी, जिसमें उन सैकड़ों पुस्तकों का नाम होगा, जिसे पढ़कर यह सिनोपसिस तैयार की गई है। आप देखते ही गद्‌गद हो जाएँगे।

इसके बाद आपको कुछ नहीं करना है। सुपरवाइजर साहब आपका सारा कार्य संपन्न करेंगे बशर्ते कि आप बीच-बीच में उनके द्वारा निर्धारित राशि का अंश और समसामयिक फल-मिठाई लेकर पहुँचते रहें ताकि दोनों के समय में ताजगी बनी रहे।

सुपरवाइजर साहब सिनोपसिस विश्वविद्यालय में जमाकर एक प्रति संयोजक महोदय को पहुँचा देंगे।

निर्धारित तिथि पर शोध डिग्री समिति की बैठक में कुलपति व संयोजक द्वारा अनुग्रहीत कुछ विशेषज्ञ दूर से भी आएँगे। वे जानते हैं कि उन्हें एक औपचारिकता निभानी है। अतः उनका ध्यान शोध विषय सुनने पर कम यात्रा भत्ता के बिल बनाने पर लगा रहता है। अुमक काम के सिलसिले

में दिल्ली में हूँ, घर पहुँचते ही सेवा में हाजिर हो जाऊँगा। लेकिन कितना भागिएगा। जब ओखल में सिर दिया है तो एक-न-एक दिन मूसल की मार तो सहनी ही होगी।

और आ गई आपकी मौखिक परीक्षा। आप अपने गाइड से तुरंत संपर्क करके कार्यक्रम तय कीजिए, लेकिन डरिए नहीं। सिर्फ जेब थोड़ी गरम रखिए।

जिस दिन परीक्षा हो उस दिन गाइड साहब के घर पहुँचिए। उनके चरण-स्पर्श करते हुए फल, मिठाई आदि भीतर डेरे में भेज दीजिए। वे आपको बता देंगे कि परीक्षक महोदय किस ट्रेन से आ रहे हैं। आपको एक भाड़े की कार लेकर गाइड महोदय के साथ स्टेशन पहुँच जाना है। बाकी सारी बातें वे रास्ते भर समझाते रहेंगे कि किस प्रकार ट्रेन से परीक्षक महोदय के उतरते ही दोनों हाथों से उनके चरण-स्पर्श करने हैं। उनका बैग लपककर आपको ग्रहण करना है। रास्ते में किस रेस्टोरेंट में उन्हें क्या-क्या नाश्ता कराना है, आदि-आदि। आपको इनडिटेल समझा देंगे, क्योंकि वे आपके गाइड हैं और गाइड धर्म निभाना उनका पुनीत कर्म है।

जब आप इन कर्मों का सफलतापूर्वक पालन कर लेंगे तब आपको विश्वविद्यालय के हॉल में बुलाया जाएगा। वहाँ मेज-कुरसी लगी होगी। आपको बैठने के लिए कहा जाएगा। उसके बाद औपचारिकतावश आपको अपने शोध के बारे में कुछ कहने के लिए कहा जाएगा।

आप कहिएगा—“सर! जयप्रकाशजी की संपूर्ण क्रांति में जो कुछ अंश बचा रह गया था उसे ‘भूराबाल साफ करो’ क्रांति ने पूरा कर दिया। सर! आप तो जानते हैं कि हिंदुस्तान में जब भी क्रांति की शुरुआत हुई है तो मधेपुरा सदैव अग्रणी रहा है। आज आरक्षण का लाभ जो लोग पा रहे हैं, उसके भी अग्रदूत हमारे बी.पी. मंडलजी रहे हैं। इसलिए ‘भूराबाल साफ करो’ अभियान का कार्यक्रम वर्ष में एक बार होना अनिवार्य है, अन्यथा माय समीकरण के बिखरने की संभावना है। आपकी सिनोपसिस मंजूर हो गई और आप कोसी (गंगा नहीं। गंगा अभी दूर है) नहा लिये। अब एक वर्ष तक आपको कभी-कभी अपने सुपरवाइजर अर्थात् गाइड महोदय के पास

कुछ नमकीन, मिठाई और शुद्ध देसी घी लेकर पहुँचना है। हालाँकि वे मना करेंगे, कहेंगे, भई यह सब क्यों लाते हो। अरे, बाकी राशि का इंतजाम करो क्योंकि शोध प्रबंध को पाँच प्रतियों में टाइप कराना है। फिर उसे बुक बाइंडर से बाइंड करवाना है। ढेर सारा खर्च है।

आप पाँच हजार रुपए उनके सामने रख दीजिए और फिर देखिए उनकी नौटंकी। वे रुपए उठाकर फेंकते हुए कहेंगे कि तुम मजाक करते हो। पाँच हजार में तो बकरी का बच्चा नहीं मिलता है और तुम पाँच हजार में पी-एच.डी. खरीदना चाहते हो?

आप घबराइए नहीं। चुपचाप कुछ देर बैठकर इंतजार कीजिए। क्योंकि केवल आप ही नहीं फँसे हैं। इस सत्र की उनका भी एक दुधारु सीट फँसी है। यदि आप गए तो उनका भी इतने दिन का श्रम और पैसा दोनों चला जाएगा। इसलिए थोड़ी देर बाद खुद वे संचार माध्यम का स्वीच ऑन करके कहेंगे—"तुम जानते हो, कागज का दाम बढ़ गया है। कंप्यूटर जो चलाता था उसकी नानी मर गई है। डेली वेजेज पर एक आदमी आता है और दो सौ रुपए नगद ले लेता है। इसीलिए रुपए की बात करता हूँ, अन्यथा मैं प्रस्तावित कॉलेज में काम करने वाले का कष्ट जानता हूँ। पाँच वर्षों तक वह दर्द मैंने भी भोगा है। लेकिन याद रखिएगा, जिस दिन शोध ग्रंथ जमा करने की तिथि निर्धारित होगी, आना पाई जमा कर देना होगा।"

"जी सर! मैं पहले ही जमा करने का प्रयास करूँगा।" इतना कहकर वह पाँच हजार रुपए आप टेबल पर रखकर चरणरज ले लेंगे।

बीच में टेलीफोन आए तो आप कह दिया कीजिएगा कि सर! मैं पत्नी का इलाज करवा रहा हूँ। इधर इस अभियान का रिनुअल नहीं होने से केंद्र में बी.जे.पी. की सरकार बन गई। बावजुद मधेपुरा अपनी सीट को कायम रखा।

इस बीच विश्वविद्यालय के बाबू आपके परीक्षक एवं गाइड से कुछ कागजों पर दस्तखत करवाएँगे। फिर परीक्षक मुसकराकर आपको बधाई देते हुए कहेंगे, "बधाई हो डॉक्टर साहब।" आपको लगेगा कानों में शहनाई गूँज रही है। आप बिना विलंब किए उठिए और परीक्षक महोदय एवं गाइड

महोदय की चरणधूलि माथे से लगा लीजिए। विश्वविद्यालय के बाबुओं के लिए होटल से हैवी नाश्ता और ठंडा मँगवा दीजिए। उसके बाद पुनः कार में दोनों महानुभावों को बढ़िया होटल में तंदूरी-मुर्गा आदि खिलाकर तृप्त कीजिए और बाजार ले जाकर थोड़ी बहुत खरीददारी करवाइए, ताकि परीक्षक महोदय आपकी मधुर स्मृतियाँ अपने साथ ले जा सकें। उसके बाद फर्स्ट क्लास का टिकट लेकर उन्हें ट्रेन में बैठाकर पुनः उनकी चरणरज लीजिए।

अब अंतिम चरण का कार्य होगा, कुछ फल और मिठाई लेकर अपने गाइड साहब को डेरे तक पहुँचाकर उनके बच्चों को फल और मिठाई देकर गाइड महोदय की माँ, पिता और पत्नी का चरण-स्पर्श कर अंतिम आशीर्वाद लेकर उसी कार से घर जाइए। क्योंकि पत्नी ने सत्यनारायण भगवान् की पूजा की मनौती कर रखी है। होना भी चाहिए क्योंकि गाँववाले भी तो इसी पूजा की बदौलत जानेंगे कि आप अब डॉक्टर साहब बन गए।

अंत में इस आलेख के माध्यम से उन तमाम लोगों से आग्रह करूँगा कि जिन लोगों को पी-एच.डी. करना हो मेरे पास आएँ। मैं आपको गारंटी के साथ (नॉट वारंटी) पी-एच.डी. कराऊँगा। पैसा फेंको, तमाशा देखो।

□

डॉक्टर का फेर

कल ही सहरसा से ट्रांसफर होकर डॉ. बदरुद्दीन साहब पी.जी. डिपार्टमेंट में आए हैं। मॉर्निंग वॉक में मुझसे मिले और कहने लगे, ''विनय बाबू एक बढ़ियाँ डेरा खोज दीजिए। सहरसा से रोज आना-जाना मेरे लिए संभव नहीं है।''

मैंने कहा, ''चलिए! कल ही मेरे पड़ोस में एक डेरा खाली हुआ है। वेल फर्निस्ड है। आप चाहेंगे तो मैं दिलवा दूँगा।''

उन्होंने कहा, ''चलिए। देख लें। आजकल अल्लाह का दीदार मुमकिन है, लेकिन अच्छा डेरा और अच्छा पड़ोसी मिलना बड़ा मुश्किल है। सहरसा में ऐसा पड़ोसी था कि जीना दूभर कर दिया था। रात भर पति-पत्नी इतना झगड़ते थे कि आस-पड़ोस के सारे लोग तंग-तबाह थे। पति-पत्नी दोनों प्रोफेसर थे और क्या सुनाएँ, कुजड़े से भी बदतर थे। सच पूछिए तो उन्हीं के चलते मैंने अपना ट्रांसफर करवाया है।''

मैंने कहा, ''इसके लिए आप निश्चिंत रहिए। मकान मालिक का नाम दशरथ सिंह 'कुलिश' है। कुलिश का अर्थ—'हीरा और कुठार' दोनों है। आदमी हीरा है, लेकिन अनुशासन के मामले में वज्र कुठार है। सनक सवार होने पर किसी की नहीं सुनता है। फिर भी आदमी हीरा है।''

यही बातचीत करते-करते हम लोग दशरथ बाबू के मकान के सामने पहुँच गए। मैंने कहा, ''दशरथजी हैं!'' दरवाजा खुला और एक लड़का बाहर आकर बोला, ''बाथरूम में हैं। आइए।''

हम दोनों भीतर गए तो दशरथ बाबू भी आ गए। उन्होंने कहा, ''विनय बाबू! आज इतनी सुबह ?''

मैंने बिना किसी लाग-लपेट के सीधे कहा, ''ये हमारे डॉ. बदरुद्दीन साहब सहरसा से ट्रांसफर होकर आए हैं। इन्हें एक फैमिली क्वार्टर चाहिए।''

उन्होंने कहा, ''इस क्वार्टर में डॉक्टर का रहना ही लिखा है। इससे पहले भी एक डॉक्टर साहब ही रहते थे।''

मैंने कहा, ''ये वह डॉक्टर नहीं हैं। हमारे पी.जी. डिपार्टमेंट में उर्दू के विभागाध्यक्ष हैं।''

दशरथ बाबू ने कहा, ''चलिए, वह नहीं फिर भी हैं तो डॉक्टर साहब ही।'' और वे हम लोगों को साथ लेकर क्वार्टर का कमरा खोल-खोलकर दिखाने लगे। इसी क्रम में उन्होंने भाड़ा भी बता दिया। बिजली का बिल अलग से देना होगा। बगीचे का फूल कोई नहीं तोड़ेगा आदि-आदि सारी बातें इनडिटेल बता दीं।

मैंने कहा, ''दशरथ बाबू! आप तो इस विश्वविद्यालय के हर एक क्रिया-कलाप से वाकिफ हैं। कब कौन वाइस चांसलर बन जाएगा और कब कौन हटेगा, इसकी कोई गारंटी नहीं है। परमानेंट भी आता है तो कभी कर्मचारी तो कभी विद्यार्थी ऑफिस में ताला मारकर आमरण अनशन पर बैठ जाते हैं। इसलिए भाड़े में देर-सवेर हो सकती है।''

''देखिए विनय बाबू! भाड़े के लिए मैंने आपकी बात मान ली लेकिन बिजली बिल तो इन्हें टाइम पर देना ही होगा। क्योंकि टाइम पर नहीं देने पर साल का चक्रवृद्धि ब्याज चलता है।''

मैंने कहा, ''यह तो ये करेंगे ही। आप निश्चिंत रहें।'' इतना कहकर हम लोग चलने लगे तो उन्होंने कहा, ''अरे, चाय तो पीते जाइए।'' यह कहकर उन्होंने नौकर को आवाज देकर तीन कप चाय लाने को कहा।

हम लोग चाय पीकर चलने लगे तो उन्होंने बदरुद्दीन साहब से कहा, ''कब यहाँ आ रहे हैं ?''

''बस, कल ही आ जाएँगे।''

और कल बदरुद्दीन साहब बाल-बच्चों समेत डेरा में प्रवेश कर गए। मेन गेट पर तख्ती लटक गई—'डॉ. बदरुद्दीन। पी-एच.डी.'

पूरे मोहल्ले में बात फैल गई कि एक डॉक्टर साहब फिर उस डेरे में आ गए हैं। मसजिद चौक के रब्बान भाई ने मोहल्ले में सभी से कहा कि डॉ. अल्लाउद्दीन गए, लेकिन ऊपरवाले ने डॉ. बदरुद्दीन को भेज दिया। फलस्वरूप सवेरे से मरीज दरवाजे पर आकर बैठ गए। हर एक आदमी कंपाउंडर को खोज रहा था ताकि फीस जमाकर पहले अपने मरीज को दिखा ले।

इस बीच दरवाजे पर कोलाहल देख प्रोफेसर साहब की पत्नी ने खिड़की से झाँककर देखा तो उसने प्रोफेसर साहब को झकझोर कर उठाया और बोली, "अरे, उठिए-उठिए! दरवाजे पर भीड़ लगी है और आप घोड़े बेचकर सोए हुए हैं।"

प्रोफेसर साहब जम्हाई लेते हुए उठे और पूछे, "क्या बात है? क्यों उतावली हो रही हो?"

"जरा बाहर जाकर तो देखिए। काफी लोग जमा हैं, सब आपको खोज रहे हैं।" पत्नी ने कहा।

प्रोफेसर साहब को लगा कि शायद छात्र अपनी कोई डिमांड लेकर पहुँच गए हैं। इसी को कहते हैं कि सिर मुड़ाते ही ओले पड़े। अभी तक तो डिपार्टमेंट में कदम नहीं रखा है और यह आफत पहले ही आ गई। इससे तो अच्छा सहरसा ही था, जहाँ आफत रात को आती थी। यहाँ तो खाने के पहले ही मक्खी गिर गई। लेकिन सामना तो करना ही है। पत्नी से कहा, "पहले चाय तो पिलाओ।"

"पहले बाहर जाकर देखिए। तब चाय पीजिएगा।" पत्नी ने कहा।

हिम्मत करके प्रोफेसर साहब बाहर आए तो भीड़ में धक्का-मुक्की होने लगी। कोई कहता कि पहले हम आए हैं तो दूसरा कहता पहले हम आए हैं। तीसरा बोला, "जब हम आए थे तो यहाँ एक चिड़िया भी नहीं थी।" और एक बूढ़ा सबसे आरजू-मिन्नत कर रहा था, "भैया! एक बार मेरे बच्चे

को देखो, बुखार से शरीर जल रहा है।''

इधर बदरुद्दीन साहब सबको समझा रहे थे, ''भाई! हम वो डॉक्टर नहीं हैं।''

जुम्मन ने कहा, ''डॉक्टर साहब हम जानते हैं। आप वो डॉक्टर नहीं हैं। उनकी बदली हो गई है। आप उनकी जगह पर आए हैं। हम जानते हैं, सर।''

''भाई! आप मेरी बात तो सुनिए।'' प्रोफेसर साहब ने कहा।

''डॉक्टर साहब! आपकी बात सुनने हम लोग नहीं आए हैं। हम लोग इलाज कराने आए हैं। एक बार इस बच्चे को देख लीजिए। बुखार से इसका शरीर जल रहा है।'' बूढ़े ने कहा।

इतने में मैडम ने इशारे से प्रोफेसर साहब को भीतर बुलाकर कहा, ''यह लेमोनेट की गोली है। इसकी आधी गोली पानी में घोलकर बच्चे को पिला देने के लिए बूढ़े से कहिए।''

''अरे, तुम यह क्या कह रही हो। बच्चे का सवाल है। कहीं कुछ हो गया तो लेने के देने पड़ जाएँगे।'' प्रोफेसर साहब ने कहा।

''कुछ नहीं होगा। शायरा को भी इतना ही तेज बुखार था तब डॉक्टर साहब ने यही गोली दी थी। अभी सीजनल बुखार चल रहा है।'' मैडम ने कहा।

प्रोफेसर साहब ने बाहर आकर बूढ़े को लेमोनेट की आधी गोली देकर पानी में घोलकर पिलाने को कहा और फिर भीतर गए तो बाहर नहीं आए। पिछले दरवाजे से निकल गए। सीधे विनय बाबू के पास आकर आपबीती सुनाने लगे। विनय बाबू हँसते-हँसते लोट-पोट हो गए।

इधर इनके दरवाजे से भीड़ हट नहीं रही थी। लोगों के सामने प्रमाण था कि अभी जो बुखार से बच्चे का शरीर जल रहा था, मात्र आधी गोली पानी में घोलकर पिला देने से बच्चे का बुखार डाउन हो गया और बच्चा प्रेम से माँ का दूध पी रहा है।

कोई कहे कि यह डॉक्टर नहीं भगवान् है। आज दूसरा डॉक्टर होता

तो कहता, ''खून जाँच करवाओ, पेशाब जाँच करवाओ। छाती का एक्सरे करवाओ और इसने न कोई फीस ली, उलटे घर से दवाई देकर बच्चे को चंगा कर दिया। अल्लाह इसको दिन दूना रात चौगुनी तरक्की दे। अल्लाह ताला इसे बरक्कत दे।'' आदि-आदि दुआएँ दी जा रही थीं।

अंत में मैडम के समझाने-बुझाने पर भीड़ हटी लेकिन सभी शाम को आने की सूचना देकर गए।

यहाँ प्रोफेसर साहब की हालत दरवाजे पर खड़े मरीजों से भी बदतर थी। आखिर करें तो क्या करें। अंत में विनय बाबू ने सुझाव दिया, ''नमाज के वक्त हम लोग मसजिद चलें और इमाम साहब को सबकुछ बता देंगे। वे लोगों को समझा देंगे तो स्वतः सबकुछ ऐज इट इज हो जाएगा।''

''लेकिन जब सवेरे हिंदू लोग पहुँचेंगे तो उनको कौन समझाएगा?'' प्रोफेसर साहब ने कहा।

इतने में मोबाइल बज उठा।

''हैलो! मैं शायरा की मम्मी बोल रही हूँ। आप रात को भी डेरा मत आइएगा। अभी तो मैंने समझा-बुझाकर लोगों को हटाया है। लेकिन सभी शाम में आने को आपस में बोल रहे थे।''

''रख फोन सारी आफत की जड़ तू है। न तो तुम लेमोनेट देती और न मैं प्रसिद्ध डॉक्टर होता।'' अभी मैं विनय बाबू के पास बैठा हूँ और एक आदमी उनको कह रहा है, ''जानते हैं विनय बाबू! पब्लिक हैल्थ डिपार्टमेंट में एक बदरुद्दीन नाम का डॉक्टर आया है। उसने आधी गोली दवाई खिलाकर मरते हुए बच्चे को बचा लिया। न तो फीस ली और न दवा की कीमत। अल्लाह उसको बरक्कत दे।''

यह सब मैं तो सुन ही रहा हूँ लेकिन अब विनय बाबू का भी माथा चकरा रहा है। डॉक्टर बदरुद्दीन तक तो ठीक है, लेकिन उसके साथ यह पब्लिक हैल्थ डिपार्टमेंट कहाँ से घुस गया। उन्होंने जाते हुए मौलवी को रोका और पूछा—

''मौलाना साहब! आपको किसने बताया कि डॉ. बदरुद्दीन पब्लिक

हैल्थ डिपार्टमेंट के डॉक्टर हैं ?''

''क्या आप हमको जाहिल समझते हैं। मैं खुद उनकी नेम प्लेट पढ़कर आ रहा हूँ।'' मौलाना ने कहा और चलने लगे तो विनय बाबू ने पूछा, ''अरे आप बुजुर्ग हैं। आपको जाहिल कौन कहेगा। लेकिन नेम प्लेट पर क्या लिखा है, यह तो बताते जाइए।''

''नेम प्लेट पर लिखा है—डॉ. बदरुद्दीन पी-एच.डी.।''

इस पर विनय बाबू इतना हँसे, इतना हँसे कि मुझे भी हँसी आ गई। फिर भी मैंने अपने को नियंत्रित करते हुए कहा, ''जनाब! मैं मर रहा हूँ और आप हँस रहे हैं।''

उन्होंने कहा, ''आपकी आफत की जड़ है आपकी नेम प्लेट। उसको उखाड़ फेंकिए और सीधे प्रोफेसर बदरुद्दीन की नेम प्लेट लगा दीजिए।''

लेकिन थोड़ी देर सोचकर उन्होंने कहा, ''अभी कोई नेमप्लेट मत लगाइए। बाजार ठंडा होने पर सब ठीक हो जाएगा।''

''लेकिन रात कैसे गुजरेगी ?''

उसके लिए चिंता मत कीजिए। दस बजे के बाद दशरथ बाबू का मेन गेट बंद हो जाता है। भीतर किसी के प्रवेश का प्रश्न ही नहीं उठता। फिर भी एक काम आपको और करना पड़ेगा। आप दाढ़ी मुँड़वा लीजिए ताकि सवेरे जो भी आए उसे बाहर निकलकर खुद कह सकें कि डॉक्टर साहब ने डेरा बदल लिया है।

और सचमुच नेम प्लेट हटा दी गई और अब प्रोफेसर साहब बड़े चैन से हैं।

□

बाज आए मोबाइल से

जब तक मोबाइल नहीं खरीदा था, घर से लेकर बाहर तक एक ही शिकायत सुनने को मिलती थी कि समय कहाँ से कहाँ चला गया और आप एक मोबाइल नहीं ले सके हैं। क्या कीजिएगा पैसा रखकर। कुछ साथ नहीं जाएगा, आदि-आदि। मित्रों की शिकायत से तंग आकर एक दिन मोबाइल खरीदने के लिए बाजार गया। लेकिन दुकानदार ने मुझे नया मुरगा समझकर इस तरह घेरा, जैसे बस स्टैंड पर किसी नए यात्री को गाड़ियों का दलाल घेर लेता है। कोई आपका हाथ पकड़ लेगा और कहेगा मेरी गाड़ी खुल रही है, तो दूसरा आपका दाहिना हाथ पकड़कर अपनी ओर खींचते हुए कहेगा, हुजूर! इसके फेरे में मत पड़िए। इसकी गाड़ी का कोई समय नहीं है। जब तक यात्री भरेंगे नहीं, इसकी गाड़ी खुलेगी ही नहीं। तब तक तीसरा आपके कंधे से लटकता बैग को खींचते हुए कहेगा, सर मेरी गाड़ी टू बाई टू है। आपको नंबर एक सीट देंगे। टी.वी. लगा है। रात भर फिल्म देखिएगा। एकदम ब्रांड न्यू गाड़ी है। आदि-आदि कहकर आपको घेरेगा। इतने में एक रंगदार किस्म आदमी आएगा और उन लौंडों से कहेगा—"क्या है रे! क्यों एक इनसान को तंग करता है? इनकी मरजी है। जिस गाड़ी से जाना चाहेंगे, जाएँगे। इसमें जोर-जबरदस्ती क्यों करता है। इतना सुनते ही तीनों से पिंड छूटा और उसने मुझे कहा चलिए मेरे साथ मैं आपको अच्छी गाड़ी में जगह दिलाता हूँ। रास्ते भर वह कहता रहा, "भाईजी! क्या कीजिएगा, समय खराब है। ये सब यात्रियों से इसी तरह जबरदस्ती करते हैं। कोई देखने वाला नहीं

है। दारोगा–सिपाही सबका मंथली बँधा है। किसको कहिएगा। सब चोट्टा हैं।" और उसने मुझे एक खटारा बस के सामने लाकर खड़ा कर दिया। स्टैंड किरानी से कहा कि एक टिकट मुरलीगंज का बना दो।

मैंने स्टैंड किरानी से कहा, "भाई साहब सीट तो दिखा दीजिए।" तो उसने कहा, "सीट है तभी तो टिकट काट रहे हैं," और इतना कहकर उसने मेरे हाथ से दो सौ रुपए इस तरह झपट लिये जैसे बच्चे के हाथ से कौआ रोटी झपट लेता है। फिर उसने टिकट थमाते हुए खलासी से कहा, "रे बेचना, इनको जगह दिखा दो।"

बेचना आगे बढ़कर मुझे बस की सबसे पीछे की सीट दिखाकर कहा, "वहाँ बैठ जाइए।"

मैंने कहा, "भाई साहब! मेरी उम्र देखिए, मैं बूढ़ा आदमी इस सीट पर बैठकर कैसे जा सकता हूँ। मेरा पैसा वापस कर दीजिए या आगे सीट दीजिए। मैं इस सीट पर बैठकर नहीं जाऊँगा।"

खलासी बोला, "टिकट कट चुका है। अब पैसा वापस नहीं होगा। ज्यादा हुज्जत मत कीजिए। आपको पता नहीं है कि गाड़ी का ऑनर कौन है। नाम सुनकर बड़े–बड़े लोगों का हलक सूख जाता है। मैं फिर कहता हूँ जहाँ बताया है वहाँ बैठ जाइए। अन्यथा पीछे खड़ा होकर जाना पड़ेगा।"

इतने में पीछे से आवाज आई, "रे बेचना! क्या बात है?"

"कहता है कि पीछे की सीट पर नहीं जाएँगे।" खलासी ने कहा।

नीचे बैठे स्टैंड किरानी ने कहा, "नीचे उतार दो।" खलासी मेरी बाँह पकड़कर नीचे खींचने लगा तो मैं लाचार होकर पीछे की सीट पर बैठ गया।

मुझे आज लग रहा है कि मैं यहाँ भी आकर फँस गया हूँ। मैं उससे कह रहा था कि मुझे नोकिया का मोबाइल लेना है और वह कभी सैमसंग, कभी वोडाफोन, कभी टाटा का मोबाइल दिखाकर तरह–तरह से कंवींस्ड कर रहा था।

मैंने कहा, "भाई साहब! मुझे नोकिया का मोबाइल लेना है। आपकी सलाह नहीं लेनी है।"

अंत में दुकानदार ने कहा, "आपकी मरजी। आप अपने बैल को कुल्हाड़ी से ही नाथिएगा तो मैं कौन होता हूँ रोकने वाला।" और उसने नोकिया का मोबाइल दे दिया।

मैं अपने मित्रों, संबंधियों और परिचितों को यह शुभ सूचना देने लगा कि मैंने मोबाइल खरीद लिया है। कुछ लोगों ने तो टेलीफोन पर ही बधाई दे दी। मैंने मोबाइल में रस्सी डलवाकर गले में पहन लिया ताकि लोग देख सकें कि मैं भी मोबाइल रखता हूँ।

पता नहीं आज रात मुझे नींद नहीं आ रही थी। बगल में मोबाइल इस तरह रखा हुआ था जैसे कोई माँ अपने बच्चे को बगल में लेकर सोती है। इतने में मोबाइल बज उठा, मैंने सोचा रात के दस बजे किस सज्जन ने कष्ट उठाया है। फिर हुआ कि जरूर किसी सज्जन ने बधाई देने के लिए कष्ट उठाया है। अतः मैंने कहा, "हैलो!"

उधर से आवाज आई, "धीर भाई!"

मैंने कहा, "हाँ, बोलिए।"

उसने कहा, "यार! तुम तो भूल ही गए। अभी-अभी रवींदर भाई का फोन आया तो पता चला कि तुमने मोबाइल लिया है। उन्होंने ही नंबर दिया है। मैं अभी सपरिवार ट्रेन में बैठा हूँ। लगभग एक-डेढ़ बजे रात में ट्रेन मुरलीगंज पहुँचेगी। हम लोग चिंतित थे कि रात में कहाँ जाएँगे। लेकिन पत्नी बोली कि जब आपके मित्र वहाँ हैं तो उनको फोन कर दीजिए। मैंने भी सोचा कि जब तुम वहाँ हो तो अन्यत्र किसी के यहाँ ठहरना भी मुनासिब नहीं लगा। अतः रात्रि विश्राम तुम्हारे यहाँ होगा। हम पति-पत्नी डायबिटीज के मरीज हैं। चावल नहीं खाते हैं।"

मोबाइल का यह पहला झटका मुझे पसीने से तर-बतर कर गया। पत्नी मायके में है। दाई खाना बनाकर आठ बजे चली जाती है। मैं दस बजे रात को भोजन का क्या इंतजाम करूँगा, समझ में नहीं आ रहा था। अंत में निर्णय लिया कि स्टैंड के पास एक होटल है, जो देर रात तक खुला रहता है, क्यों न वहाँ कोशिश की जाए। यह सोचकर मैं बस स्टैंड की ओर चला और

होटल खुला देखकर मन को शांति मिली। होटल पानी से धोया जा रहा था।

मैंने मैनेजर से पूछा, ''भाई! चार-पाँच लोगों के लिए खाना मिल सकता है?''

मैनेजर ने कहा, ''सर! आजकल रोजे चल रहे हैं। इसलिए साढ़े नौ बजते-बजते होटल बंद हो जाता है। अभी जो खुला देखते हैं, उसका कारण है कि बीस-पच्चीस पंजाब जानेवाले मजदूर आ गए तो बहुत कहने-सुनने पर कारीगर तैयार हुए और उन्हें खिला-पिलाकर पाँच मिनट पहले चले गए हैं।''

मैंने पूछा, ''कुछ भी नहीं बचा है?''

उसने कहा, ''सर! आपका होटल है, चेक कर लीजिए।''

मैंने जब उसे अपनी समस्या बताई तो उसने कहा, ''सर! मेरीगंज का 'इंडियन ढाबा' चेक कर लीजिए। वहाँ भोजन मिल जाएगा।

मेरा मन कर रहा था कि यहीं फर्श पर अपना मोबाइल पटककर तोड़ दूँ या अपना माथा फोड़ लूँ।

यहाँ से मेरीगंज तीन किलोमीटर था। फिर तीन किलोमीटर यहाँ से पैदल जाना और आना मुझसे संभव नहीं।

इतने में एक खाली रिक्शा गुजरा। होटलवाले ने आवाज देकर उसे रोका और बुलाकर कहा, ''साहब को मेरीगंज पहुँचा दो।''

उसने कहा, ''तीस रुपए लूँगा।''

मैंने कहा, ''दूँगा भाई, दूँगा। जब मरने ही निकले हैं तो तोप क्या बंदूक क्या।''

रास्ते भर रिक्शावाला बक-बक बोलता रहा और मैं केवल मोबाइल के बारे में सोचता रहा। क्या सुखी जीवन जी रहा था। किसी से बात करने के लिए टेलीफोन बूथ पर चला जाता था और आज इस मोबाइल के चलते रात-बिरात होटल और ढाबा घूम रहा हूँ।

इसी बीच रिक्शेवाले ने कहा, ''ढाबा ही उतरिएगा कि आगे चलिएगा?''

मैंने कहा, ''ढाबा ही जाना है।''

मेरी तंद्रा भंग हुई और रिक्शेवाले को तीस रुपए देकर कहा, ''भैया, फिर पहुँचा नहीं दोगे?'' उसने कहा, ''मुझे पचास रुपए भी दीजिएगा तो भी मैं नहीं जाऊँगा। मुझे अभी रिक्शा जमा करना है। टाइम पर जमा नहीं करने पर दुगुना पैसा लेता है।'' इतना कहकर वह चल दिया और मैं ढाबे के मैनेजर को रोटी, दाल, सब्जी के लिए संख्या और मात्रा लिखवाने लगा।

खाना तो मिल गया, लेकिन ले जाने की समस्या फिर खड़ी हो गई। लेकिन होटल का मैनेजर अच्छा आदमी था। उसने कहा, ''घबराइए नहीं, एक टेंपूवाला भोजन कर रहा है। वह मधेपुरा से लौटा है और मुरलीगंज ही जाएगा। हम बोल देते हैं, आपको पहुँचा देगा।''

टेंपूवाला खाना खाकर जब बिल चुकाने के लिए काउंटर पर आया तो मैनेजर ने उसे मुझे डेरे तक पहुँचा देने के लिए कहा। टेंपूवाले से पंद्रह रुपए में डेरे तक पहुँचाने की बात तय हो गई। इधर मोबाइल बजता रहा और मैंने उठाया नहीं।

जब डेरे पर पहुँचा तो बरामदे की सारी कुरसियाँ भरी थीं।

मुझे देखते ही मित्र महोदय चिल्ला उठे, ''अरे यार! कहाँ चले गए थे। मैंने तो समझा तुम हम लोगों का आगमन सुनकर भाग गए हो।'' इतना कहकर श्रीमान् ने जोरदार ठहाका लगाया।

जब मैंने अपनी स्थिति बताई तो वे कहने लगे, ''क्यों इतनी रात को कष्ट उठाया। एक रात भोजन नहीं करने से कोई बड़ी बात नहीं हो जाती। फिर भी आपने जब व्यवस्था कर ली है तो विलंब क्यों?''

मैंने ड्राइंग-रूम खोलकर सबको बैठाया और फ्रेश होने के लिए आग्रह किया। जबाव मिला, ''हम लोग ट्रेन में फ्रेश हो चुके हैं।''

मन-ही-मन सोचा कि ट्रेन में भोजन भी कर लेते तो क्या हर्ज था। लेकिन रातभर तो झेलना था। इसलिए सबको भोजन कराकर सुला दिया। मुझे इस मोबाइल के चलते नींद नहीं आ रही थी। बार-बार मन यही कह रहा था कि कल फिर अगर ऐसे मित्र का फोन आ गया तो चढ़ जा बेटा सूली पर भला करेगा राम। मैं इसी सोच में डूबा था कि दरवाजे पर दस्तक हुई।

मैंने सोचा, हे भगवान्! अब कौन सी नई आफत आ गई। फिर भी झेलना तो था ही। किवाड़ खोलते ही मित्र ने कहा, ''घर में दूध तो होगा ही। छोटका नूनू रो रहा है और…''

मैंने बीच में ही रोकते हुए कहा, ''रोजों के चलते अभी दूध की बड़ी किल्लत है। अगर अमूल पाउडर से काम चल जाए तो कहिए बना दूँ।''

''हाँ-हाँ क्यों नहीं। आजकल दूधवाले पचास फीसदी पानी ही देते हैं। इसलिए हम लोग भी पाउडर का ही इस्तेमाल करते हैं।''

मैं किचन खोलकर दूध बनाने के उपक्रम में जुटा ही था कि मित्र की पत्नी धरधराती हुई आई और मुझे हटाते हुए बोली, ''हटिए! चूल्हा-चौका मर्दों के बस की बात नहीं है।'' और अमूल का पूरा पैकेट पानी में घोलकर गैस पर चढ़ा दिया। मैं मन-ही-मन सोच रहा था कि मैं भी नंबर वन बेवकूफ हूँ। मुझे सीधे कहना चाहिए था कि दूध नहीं है। सिर्फ इतना बोल देने से किचन अध्याय ही समाप्त हो जाता। लेकिन मैंने झूठ-फरेब का कभी धंधा किया नहीं। इसलिए झूठ बोला नहीं, हठात. सच बोला गया। लेकिन प्रश्न यह था कि सुबह मित्र के कुनबे को चाय पिलाऊँगा कैसे? दूध तो एक ही डिब्बा था।

मैंने सोचा अब चुप रहने से बदहजमी हो जाएगी। यह सोचकर सो गया।

सुबह छह बजे जब आँगन में चलने-फिरने की आवाज सुनकर भी मैं सोया रहा तो इस बीच कई बार मोबाइल बजा, लेकिन मैंने जान-बूझकर मोबाइल नहीं उठाया।

इसी बीच मित्र महोदय ने किवाड़ खटखटाया और मुझे उठना पड़ा।

बिना विराम के उन्होंने कहा, ''अब हम लोग चलेंगे लेकिन दिक्कत यह है कि इतनी सुबह एक भी रिक्शा नहीं मिला तो पत्नी कहने लगी कि आपके मित्र के पास दो-दो गाड़ी हैं, फिर चिंता किस बात की।''

मैंने कहा, ''मित्र, गाड़ी तो जरूर हैं, लेकिन दोनों खराब हैं।''

आज मैंने कलवाली गलती नहीं की और कहा कि मैं रिक्शा मँगवा देता हूँ और मुकेशजी को फोन किया तो उन्होंने तीन रिक्शे भेज दिए।

मैंने औपचारिकतावश कहा, "क्रम-से-कम चाय तो पी लेते।"

उन्होंने कहा, "सब हो चुका है। पत्नी ने सुबह उठकर सबसे पहले चाय बनाई क्योंकि उसे बेड टी पीने की आदत है। बिस्कुट भी रैक पर मिल गया। वह आपको भी उठाना चाहती थी, लेकिन मैंने ही मना कर दिया। सोचा रातभर परेशान रहे हैं, थोड़ा आराम कर लेने दो।"

मैंने बिना कोई जबाव दिए रिक्शेवाले से सामान उठाने को कहा।

सारा सामान रिक्शे पर लद जाने के बाद मैंने औपचारिकतावश कहा, "फिर आइएगा। पत्नी की अनुपस्थिति में कुछ कर नहीं सका।"

उन्होंने कहा, "मित्र! अब घर देख लिया है। आऊँगा, अवश्य आऊँगा।"

और इन लोगों के विदा लेते ही रवींद्र बाबू आ गए और मूसलधार बरस गए। साहब, कल आपने मोबाइल लिया और कहा तक नहीं। अभी-अभी चौधरी ने चाय की दुकान पर बताया तो आपको फोन लगाया और आपने फोन उठाने की जहमत नहीं की।

मैंने कहा, "आप मेरा दर्द तो जानिए।"

रातभर…

मेरी बात पूरी भी नहीं हो पाई थी कि रवींद्र बाबू बोल उठे, "रातभर क्या हुआ, दैट इज योर प्रोब्लम, नॉट माईन। गाँव में कहावत है कि खाय छी घरे से आओर कानै छी अगहने से। जरा फोन तो दिखाइए, चौधरी कह रहा था कि बड़ा महँगा मोबाइल लिया है।"

मैंने उन्हें मोबाइल दिया तो वे एक किनारे जाकर बहुत देर तक बात करते रहे। जब उन्होंने मोबाइल लौटाया तो फिर बरस पड़े, "अरे! मोबाइल में कितने का माल भरवाए थे?"

मैंने कहा, "एक सौ पच्चीस रुपए का।" तो उन्होंने कहा, "चौदह हजार का मोबाइल खरीदते हैं और सौ रुपए का बाउचर भरवाते हैं। कुछ साथ नहीं जाएगा, सब यहीं रह जाएगा।" उनका प्रवचन आशाराम बापू की तरह दुनिया की क्षणभंगुरता पर चलता रहा और मैं देवनजी की दुकान के बारे में सोचता रहा कि कब दुकान खुलेगी, जो मैं रिचार्ज करवाऊँगा।

मैंने इसी क्षण निर्णय ले लिया कि मोबाइल को ऑफ रखने में आर्थिक और मानसिक सुरक्षा है। अत: मैंने मोबाइल स्वीच ऑफ करके रख दिया।

और ठीक तीन बजे पत्नी अपने छोटे भाई विजयजी के साथ पहुँच गईं।

उनकी तनी हुई भृकुटि और चुप्पी ने तिरोहित भाव को स्पष्ट कर दिया। मैंने विजय बाबू से पूछा, ''गाँव का क्या समाचार है ? उन्होंने संक्षिप्त उत्तर दिया, ''ठीक है।''

मैंने पूछा, ''नाराज हैं क्या ?''

वे कुछ बोलते उससे पहले पत्नी बोल उठीं, ''पहले आप अपना मोबाइल देखिए कि कितनी कॉल हैं। जब भी मेरे भाई ने मोबाइल लगाया, हमेशा जबाव मिला स्वीच ऑफ है।''

मैंने कहा, ''देखिए मैडम! गलती मुझसे हुई है। आप मुझे जो सजा दीजिए, लेकिन मेरी बात तो सुन लीजिए। लेकिन पत्नी कुछ भी सुनने को तैयार नहीं थी, तो मैंने कहा, ''मैं मोबाइल में पैसा भरवाकर आता हूँ।''

पैसा भरवाने के बाद मोबाइल फिर बजना शुरू हो गया। मैंने सोच लिया, ''बजो, जितना बजना है। मैं उठाऊँगा ही नहीं।'' लेकिन जब लगातार रिंग होती रही तो लाचार होकर मैंने कहा, ''हैलो!''

उधर से आवाज आई, ''मोबाइल क्यों नहीं उठाता है रे।''

मैंने कहा, ''आपने कहाँ लगाया है ?''

''मैंने भँगहा लगाया है।''

''रॉन्ग नंबर, यह मुरलीगंज है।'' मैंने कहा।

उधर से आवाज आई, ''अरे, योगी के आगे धुर खेल मत करो। मैं आवाज पहचान रहा हूँ। तुम शाम तक मोती चौधरी के यहाँ पैसा पहुँचा दो, अन्यथा सूद समेत पैसा घर आने पर वसूल लूँगा।''

मैंने सोचा, 'क्या यही गाली सुनने के लिए मोबाइल लिया था।'

मन तो किया पटक दूँ मोबाइल को और कह दूँ, ''बाज आए मोबाइल से।''

□

भीड़ का आदमी

दुकान के आगे भीड़ लगी है। हर एक गुजरने वाला एक-दूसरे से पूछता है, लेकिन सौ मुँह, हजार बातें। कोई भी स्पष्ट नहीं बता रहा है कि आखिर बात क्या है? धीरे-धीरे भीड़ बढ़ती ही जा रही है।

हालाँकि भीड़ इस शहर में कोई मायने नहीं रखती है। मदारी ने डमरू बजाया और भीड़ जमा गई। साइकिल से हलकी ठेस लगी और भीड़ लग गई। दो बच्चे आपस में झगड़े और तमाशबीनों की भीड़ जम गई। भीड़ का कोई व्याकरण नहीं होता, किसी पेड़ के नीचे एक पत्थर रखकर दो-चार फूल और अक्षत डाल दीजिए फिर पूजा करने वालों की भीड़ देख लीजिए।

पिछले दिनों किसी ने खबर फैला दी कि कटही गाँव के एक गड्ढे का पानी पी लेने से कोई भी बीमारी खत्म हो जाती है।

भीड़ उमड़ पड़ी कटही की ओर। जिसे देखिए, हाथ में प्लास्टिक का डिब्बा लिये कटही जा रहा है। क्या बूढ़ा, क्या जवान, औरत, मर्द और बच्चे सब कटही की सवारी ढूँढ़ रहे हैं। बस, जीप और टेंपू के अलावा ट्रेक्टर भी खेती-बाड़ी छोड़ सवारी ढो रहा था। भीड़ देखकर लगता था कि पूरा तंत्र बीमार है। जब रवींद्र बाबू जैसे आदमी का कहना था कि कटही का पानी कान के ऊपर लगाने से उनके कान का दर्द ठीक हो गया तो अपढ़-गँवार लोगों की क्या बिसात।

लेकिन अभी जिस भीड़ की चर्चा मैं करने जा रहा हूँ, उसकी नियति कुछ और है। न कोई बहस-बहसी, न कोई तकरार, न गाली-गलौज और न

मार–पीट। यहाँ तक कि मारपीट के आसार नजर नहीं आ रहे थे। जबकि इस तरह की भीड़ के लिए दो चार का सिर फूटा, हाथ–पैर टूटे या कोई गंभीर मसला होना चाहिए। इतने में भीड़ के बीच से दीपक को निकलते हुए मैंने देखा तो पूछा, ''यहाँ भीड़ क्यों लगी है?''

मुसकुराते हुए उसने कहा, ''बूढ़ी घोड़ी, लाल लगाम। एक बूढ़ा लाल धोती और सिल्केन का कुरता पहनकर विवाह करने जा रहा है।''

मुझे आश्चर्य हुआ कि यह तो दूबेजी की दुकान है और हरिनारायण दूबे को कौन नहीं जानता है। राष्ट्रीय स्वयंसेवक संघ का समर्पित कार्यवाहक, वे ऐसा क्यों करेंगे।

दूसरी बात कि दीपक ने बताया कि एक बूढ़ा शादी करने जा रहा है, तो दूबेजी तो अभी तड़–तड़ जवान हैं। फिर यह बूढ़ा कौन है?

मैं अपने आपको रोक नहीं सका और भीड़ को चीरते हुए आगे पहुँच गया।

अरे, यह तो रामजी है। झुकी कमर, जर्जर शरीर, आँख पर गांधीजीनुमा चश्मा, जिसका एक पल्लू टूट जाने के कारण धागे के सहारे कान से जुड़ा है। सुर्ख लाल रंग में रँगी धोती और टेरिकॉट का कुरता पहने किसी ग्राहक की शर्ट में बटन टाँक रहा था।

मैं मन–ही–मन सोचने लगा कि इस ढलती उम्र में रामजी पर कौन सा फितुर सवार हुआ कि उन्होंने ऐसा निर्णय लिया है।

फिर मन में आया कि महेंद्रजी ने भी तो पचपन की उम्र में शादी की है। फर्क यही है कि वे सफेद बाल को मेहँदी लगाकर रंगीन करते हैं और रामजी के बाल सफेद उज्जर धपधप हैं।

इसी बीच किसी ने कमेंट कर दिया, ''गोनू बियाहलक गाम सुख भेल।''

एक दिन वह भी था जब फुटबॉल मैच में रामजी गोल पोस्ट पर खड़े होते तो धबौली के इंद्रदेव सिंह और भटोतर के प्रताप सिंह भी गोल नहीं कर पाते थे। मुरलीगंज के राजेंद्र भगत की पेनाल्टी किक केवल रामजी ही बचाते थे।

क्या स्टेमिना था? बनमनखी फिल्ड पर सहरसा एलेवन और मुरलीगंज के बीच मैच चल रहा था। सहरसा की टीम ने मालदह से खिलाड़ी बोरो किया था। दस नंबर का प्लेयर जब भी बॉल पकड़ता तो लगता था कि इस बार गोल होकर रहेगा। लेकिन रामजी बॉल ऐसे पकड़ता था, जैसे चुंबक लोहे को खींचता है। लेकिन एक खतरनाक बॉल सीधे आकर रामजी के मुँह से लगा और छर-छर खून गिरने लगा। बावजूद रामजी दौड़कर बॉल पकड़ तो लिया, लेकिन बेहोश होकर वहीं गिर गया। खेल बंद हो गया। डॉक्टर साहब अपना फर्स्ट एड बॉक्स लिये सीधे रामजी के पास पहुँच गए।

रामजी की जर्सी खून से तर-बतर थी। फिर भी रामजी बॉल को सीने से चिपकाए बेहोश पड़ा था।

डॉक्टर साहब ने सबसे पहले चेहरे पर पानी का छीटा डाला। होश आते ही उसने पहला प्रश्न किया, "गोल तो नहीं हुआ?" ऐसे ढेर सारे संस्मरण उसके जेहन में अद्यतन हैं। जब वह अपने खेल का संस्मरण सुनाने लगता है तो उसकी बूढ़ी आँखों में विशेष चमक आ जाती है।

एक बारा रानीपट्टी वर्सेस मुरलीगंज फुटबॉल मैच में रानीपट्टी अपनी टीम बंगाल से बोरो करके लाया। हल्ला हो गया कि ईस्ट बंगाल के खिलाड़ी आए हैं। खेल के आरंभ होने से पहले छोटे-छोटे पास और गोल पोस्ट पर अचूक निशाना देखकर दर्शकों ने मान लिया कि आज मुरलीगंज एक दर्जन गोल से हारेगा।

दूसरी ओर मुरलीगंज की टीम मैदान में उतरी तो गोलकीपर रामजी गायब था। खलबली मच गई। जितने मुँह उतनी बातें। कोई कहे, "रमजिया डर कर भाग गया।" कोई कहे, "आज उसको पता चलता कि फुटबॉल क्या है। बड़ा अपने को गोलकीपर समझता था। अंधा गाँव में काना राजा।"

ठीक इसी बीच रामजी गोल पोस्ट पर आकर खड़ा हो गया और सभी खिलाड़ियों के माथे पर भभूत लगाने लगा और पाँच नंबर की जर्सी पहने खिलाड़ी को दिखाकर कहा, "आप लोग उस पर ध्यान देंगे। बहुत खतरनाक खिलाड़ी है। मैं इसका खेल बंगाल में देख चुका हूँ। बॉल पकड़ता है तो सीधे

गोल पोस्ट पहुँच जाता है।''

रेफरी ने सीटी बजाई और दोनों टीमें मैदान में आ गईं। टॉस रानीपट्टी ने जीता और खेल शुरू हो गया और सही में पाँच नंबर की जर्सी बॉल लेकर सीधे गोल पोस्ट के नजदीक पहुँच गया। शॉट लगाया, लेकिन बॉल गोल पोस्ट के ऊपर से गुजर गई।

राजिंद्रजी ने त्रिवेणी को बुलाकर कहा, ''तुम को सिर्फ एक ही काम करना है। तुम पाँच नंबर जर्सी को फ्री मत छोड़ो।''

फिर भी रानीपट्टी टीम की दबाव इस कदर बढ़ा कि मुरलीगंज गोल पोस्ट पर गेंद की झड़ी लग गई। कभी-कभी तो लगा कि गोल पक्का है, लेकिन वाह रे रामजी। लगा जैसे कि रामजी की छाती पर कोई ऐसी मशीन लगी है, जो गेंद को उसकी ओर खींच लेती है। रानीपट्टी का हर वार खाली गया और हाफ टाइम की सीटी बजी।

दोनों टीम के खिलाड़ी मैदान में एकत्र हुए। नींबू-पानी लेकर दोनों टीम के सहयोगी अपने-अपने खिलाड़ियों को देने लगे। आपस में सभी खिलाड़ी आगे की रणनीति पर विचार-विमर्श करने लगे।

मुरलीगंज टीम में थोड़ा परिवर्तन हुआ।

बैक पोस्ट पर योगेंद्र बाबू और लेफ्ट हाफ पर नागेश्वर महतो को लगाया गया।

रामजी ने कहा, ''आप लोग गोल एरिया योगेंद्र बाबू के भरोसे छोड़ दीजिए। सिर्फ पाँच नंबर को बढ़ने मत दीजिए। बाकी भगवती माता के भरोसे छोड़कर जी-जान लगा दीजिए। मैंने भगवती माँ से कह दिया है, माँ आज अगर मेरी टीम हार गई तो रामजी अपनी जर्सी तुम्हारे सामने खोलकर जला देगा और फुटबॉल से संन्यास ले लेगा।''

मैं कहाँ नहीं गया। धवौली में इनरदेव सिंह ने कहा, ''मैं इस तारीख पर खाली नहीं हूँ।''

भटोतर गया तो प्रताप ने कहा, ''मैं इस तारीख पर पटना में बुक हूँ।'' मधेपुरा गया तो राजेंद्रजी और योगेंद्रजी ने कहा, ''इस दिन मैं नेपाल जा रहा

हूँ।'' अमारी जाने पर वीरेंद्रजी बीमार मिले। मैंने अपनी टीम को भगवती माँ के हवाले कर दिया है। हम जीतेंगे, सभी हिम्मत से खेलिए। रिजल्ट माँ के भरोसे छोड़ दीजिए।

हॉफ टाइम के बाद खेल शुरू हुआ। पाँच नंबर की जर्सी वाला खिलाड़ी बॉल लेकर सीधे गोल एरिया तक आया लेकिन योगेंद्रजी से ऐसे टकराया कि बॉल सीधे मिडिल एरिया में पहुँच गई और चारों खाने चित फील्ड में लोटने लगा।

रानीपट्टी के दर्शक मैदान में घुस गए और हंगामा करने लगे कि जान-बूझकर हमारे खिलाड़ी को मारा गया है। हम लोग नहीं खेलेंगे। उधर से मुरलीगंज के दर्शक भी घुस गए। दोनों पक्ष इस तरह भिड़ गए कि मार-पीट की नौबत आ गई। यह तो भलमनशाही उस पाँच नंबर के जर्सीवाले की कहिए कि उसने उभय पक्ष के बीच खड़ा होकर कहा, ''बंधुओ! खेल में ऐसा होता है। विपक्षी ने मुझे जानबूझकर नहीं मारा है। हम दोनों के टकराने से मुझे हलकी चोट लगी है। मैं बिल्कुल ठीक हूँ, खेल चलने दीजिए।''

इतना सुनते ही दोनों पक्ष के लोग मैदान से बाहर दर्शक दीर्घा में चले गए।

रेफरी ने सीटी बजाई और खेल शुरू हो गया। लेकिन अंत तक कोई टीम गोल नहीं कर सकी। अत: ट्राई ब्रेकर का निर्णय हुआ।

ट्राई ब्रेकर के तीनों बॉल रामजी ने इस तरह बचाए कि पाँच नंबर की जर्सी पहने खिलाड़ी ने रामजी को गले से लगा लिया।

मुरलीगंज की ओर से पहला शॉट राजेंद्रजी ने लगाया लेकिन गोलकीपर ने बचा लिया। दूसरा शॉट नागेश्वरजी ने लगाया और बॉल गोल पोस्ट से ऊपर होकर निकल गई। तीसरे शॉट के लिए रामजी आए।

उन्होंने जेब से दुर्गा मंदिर का भभूत निकालकर माथे पर लगाया और ऐसा शॉट लगाया कि बॉल गोल पोस्ट की जाली को फाड़ते हुए बाहर निकल गई।

दर्शक पागलों की तरह मैदान में घुस गए और रामजी को कंधे पर उठा लिया।

वे क्या दिन थे और क्या थी खेल के प्रति समर्पण की भावना। जबकि रामजी की आजीविका कपड़ा सिलना था। लेकिन मैच का टाइसिट मिला और रामजी की सिलाई मशीन बंद। घर का चूल्हा कैसे जलेगा। ग्राहक के कपड़ों का क्या होगा, इन सबकी उसे चिंता है। चिंता तो इस बात की है कि मैच के लिए खिलाड़ियों का इंतजाम कैसे होगा। उसके आने-जाने के मार्ग व्यय का प्रबंध कैसे होगा? उनके भोजनादि व आवास की व्यवस्था कैसे होगी। आदि-आदि प्रश्नों के बावजूद कुछ ही लोग जानते हैं कि रामजी कि पत्नी के जेवर अभी भी जयराज बाबू के यहाँ गिरवी पड़े हैं और वह ब्याज भर रहा है।

फिर सवाल उठता है कि एक पत्नी के रहते उसने बुढ़ापे में शादी करने का निर्णय क्यों लिया। मैं इसी उधेड़बुन में था कि एक जीप के आगे बैंड-बाजा आते दिखाई दिया। बैंड-बाजा और जीप रामजी की दुकान के आगे रुक गए। जीप से कृष्ण कुमारजी, सुभाषजी, महेंद्रजी, केदारजी, पंडितजी और कई गणमान्य सज्जन उतरकर रामजी दुकान में प्रवेश कर गए। बैंड-बाजा के चलते भीड़ और बढ़ गई।

इन लोगों को देखते ही रामजी अपना कारोबार बंद कर सब कुछ समेटने लगे। सिलाई मशीन को अलमारी में बंद किया।

"जरा जल्दी कीजिए रामजी बाबू। मुहूर्त दो से ढाई बजे के बीच है और दो बज रहे हैं।" सुभाषजी ने कहा।

"हम तो सवेरे से स्नान-ध्यान करके बैठे हैं। आप लोगों की देरी देखकर कुछ सिलाई के छोटे-मोटे काम करने लगा। चलिए, मैं तैयार हूँ, लेकिन इस भीड़ को समझा दीजिए कि रामजी का विवाह कहाँ हो रहा है।" रामजी ने कहा।

इतना सुनते ही कृष्ण कुमारजी ठठाकर हँस पड़े। वे भीड़ का कारण समझ गए। इसी बीच किसी ने रवींद्रजी से पूछ दिया, "सचमुच रामजी विवाह करने जा रहे हैं?"

रवींद्रजी ने कहा, "क्यों? बरात चलिएगा। देहाती भुच्च कहीं का। अरे! कोई रंगीन धोती और कुरता पहनता है तो वह विवाह ही करता है?

जाइए, भीड़ हटाइए। आज रामजी बाबू फुटबॉल क्लब के भवन का शिलान्यास करने जा रहे हैं। इसलिए नया वस्त्र पहने हैं।''

''क्या करता? सुबह से इस रास्ते से गुजरने वाला हर व्यक्ति एक ही प्रश्न करता था, 'की हो रामजी भाय! विवाह करै लेल जाय छह?' तंग आकर मैंने कह दिया, 'हाँ, आज ही करेंगे।' उसके बाद भीड़ ऐसी जुटी कि आप लोग भी देख रहे हैं।''

इसी बीच भीड़ को चीरते हुए शिवेंद्र बाबू आए और चिल्लाने लगे, ''इतना श्रेष्ठ कार्य और दरजी से शिलान्यास? क्या शहर के सारे बड़े लोग मर गए हैं?''

कृष्ण कुमारजी ने कहा, ''शिवेंद्र बाबू ऐसी बात नहीं है। हम लोगों ने इस बारे में काफी सोचा। लेकिन चुनाव तिथि घोषित होने के कारण कोई भी सरकारी अधिकारी आचार-संहिता के डर से तैयार नहीं हुआ। जब शहर पर नजर डाला तो अवरोध नजर आया। अगर दिलराज बाबू से शिलान्यास करवाता तो चंदू बाबू नाराज हो जाते। अगर चंदू बाबू से करवाता तो दिलराज बाबू नाराज हो जाते। किस-किस को खुश और नाखुश कर पाते। अंत में धीरेंद्र बाबू की सलाह सभी ने मंजूर की कि खेल के नाम पर समर्पित रामजी बाबू से ही यह पुनीत कार्य कराया जाए।''

शिवेंद्रजी का यह विरोध सुनकर रामजी रोने लगे। इनका रोना देखकर भीड़ के कुछ लोग उग्र हो उठे। कृष्ण कुमारजी को तो साँप सुँघ गया।

रोते हुए रामजी ने कहा, ''हुजूर! प्रतिमा बनाने का पत्थर सड़क पर बिछाए जाने वाले पत्थरों से भिन्न होता है। मुझे मील का पत्थर ही रहने दीजिए जिसे अपनी औकात का पता होता है। अतः मुझे इतनी ऊँचाई मत दीजिए कि मैं अपने बौनेपन का एहसास ही भूल जाऊँ। अतः मुझे छोड़ दीजिए, किसी बड़े आदमी से शिलान्यास करवा लीजिए।''

रामजी का रोना देखकर सुभाषजी ने कहा, ''आप बेकार में इतना सोच रहे हैं, कृष्ण कुमारजी, शिवेनमा ने आज तक कोई विकासात्मक काम किया है? इसका काम ही है विरोध करना। हमसे ज्यादा इसको कौन जानेगा? हमने

इसको पच्चीस वर्षों तक झेला है।''

''पता चलेगा, जब बैठक होगी। सचिव से कह दो, जो बनाता है, वह बिगाड़ भी सकता है।'' शिवेंद्रजी ने कहा।

''जाओ, जाओ! तुम सचिव का दो बाल भी उबाड़ लोगे तो तुमको मरद समझेंगे।'' इतना कहकर सुभाषजी ने रामजी की बाँह पकड़ जीप की तरफ खींचते हुए कहा, ''चलिए, समय बहुत कम है। सवा दो हो रहा है और मुहूर्त ढाई बजे तक ही है।'' इतना कहकर रामजी को सुभाषजी ने जीप में बैठा लिया। केदारजी और महेंद्रजी जब जीप पर बैठने लगे तो शिवेंद्रजी ने कहा, ''महेंद्र, तुम केदार से कहो कि जीप पर नहीं चढ़ेगा और दोनों जीप पर नहीं चढ़ें।''

जीप स्टॉर्ट हुई, बैंड-बाजा बजने लगा तो केदारजी ने पूछा, ''हम लोगों को जीप पर चढ़ने से मना क्यों किया?''

''तुम लोग जिंदगी भर पिछलग्गू ही रहोगे। देखा चौधरी का सुपरमेसी।'' शिवेंद्रजी ने कहा।

''यह तुम देखो। हम लोग न तो कमेटी के सदस्य हैं और न पद के आकांक्षी। लेकिन सच है कि कल तुम उसी चौधरी के साथ ऐसे मिलोगे जैसे पानी के साथ नमक मिलता है।'' महेंद्रजी ने कहा।

उधर जीप जब शिलान्यास स्थल पर पहुँची तो सुभाषजी ने रामजी बाबू से कहा, ''रामजी बाबू! सत्य परेशान होता है, लेकिन पराजित नहीं होता। भीड़ ने ईसा को सूली दी और सुकरात को जहर दिया। लेकिन सत्य आज भी सत्य है। इसलिए आप मानकर चलिए कि हाथी चले बाजार, कुता भूके हजार।

इधर भीड़ में कुछ लोग कहने लगे कि शिवेंद्र बाबू ने आज अनर्गल काम किया है। उनको ऐसा नहीं बोलना चाहिए। कुछ लोग उनके पक्ष में बोलने लगे। देखते-ही-देखते भीड़ पक्ष और विपक्ष में विभाजित हो गई।

उधर पंडितजी ने कहा, ''कृष्ण कुमार बाबू! शीघ्र पूजा की सामग्री लाइए। ढाई बजे पूजा आरंभ हो जानी चाहिए।''

कृष्ण कुमारजी ने पूजा की सामग्री के लिए सुभाषजी को कहा तो

सुभाषजी ने शिवेंद्र बाबू की बगल में खड़े महेंद्रजी से कहा, "रे महेंद्र! पूजा की सामग्री कहाँ है?"

महेंद्रजी ने कहा, "ललका झोले में सबकुछ है।" लाल झोला पंडितजी को थमाते हुए सुभाषजी ने कहा, "आपकी सूची के अनुसार सारा सामान इसी में है।"

पंडितजी सामान निकालने के बाद बोले, "इसमें नारियल कहाँ है?"

शिवेंद्रजी के बाजू में खड़े केदारजी ने वहीं से कहा, "नारियल और फूल उजले झोले में हैं।"

इतना सुनते ही शिवेंद्रजी ने कहा, "अरे, तुम से किसी ने पूछा है कि तुम लबर-लबर बोल रहे हो।"

केदारजी एकाएक भड़क उठे और कहने लगे, "क्या हम तुम्हारा बँधुआ मजदूर हैं कि तुम जो कहेगा, वही करेंगे। कल तुम, महेंद्र पोद्दार और सुभाष बैठोगे और धीरेंद्र बाबू को मोबाइल से पूछोगे—कहाँ है? तेरे चाहने वाले दर-दर भटक रहे हैं और केदार चौधरी तेलहँड़ी में चला जाएगा?"

"अरे, तुमको जाना है तो जाओ चमचागिरी करने।" शिवेंद्रजी ने कहा।

शोरगुल सुनकर पंडितजी ने कहा, "आप लोग कृपया विवाद बंद कीजिए और शुभ कार्य में अपनी भागीदारी देकर मंगल कार्य को शुभ संपन्न कीजिए।"

नींव स्थल के पास एक कंबल बिछा था। जिस पर पंडितजी विराजमान थे। उनकी बगल में रामजी बैठे थे। रामजी की बगल में एक रुपए से लेकर पाँच रुपए के सिक्के लेकर धीरेंद्र बाबू के साथ कृष्ण कुमारजी, सुभाषजी, महेंद्रजी और गण्यमान्य लोग बैठे थे।

एक लंबे पत्ते पर फूल, तिल, जौ, दूब, अक्षत और चंदन रखकर पंडितजी सभी भगवान् का आह्वान इस तरह कर रहे थे, जैसे किसी कार्यालय में साहब अपने कर्मचारियों का करता है। विष्णु भगवान्—आगच्छः तिष्ठतः। गणेशजी से लेकर लक्ष्मी, शिव, पार्वती और कई देवताओं को इस कदर बुलाते

हैं कि 'तुमने पुकारा और हम चले आए।'

फिर कलश स्थापना के बाद रामजी ने मंत्रोपचार के साथ चाँदी का एक टुकड़ा नींव के अंदर रखा, जो कार्तिक स्वर्णकार ने अपनी ओर से दिया था। उसके बाद मंत्रोचार के साथ नींव की ईंट रखी गई।

उसके बाद पंडितजी ने आरती के लिए शंख बजाया और रामजी आरती का थाल लिये उपस्थित जन समूह के बीच घूमने लगे। कुछ लोगों ने आरती का बहिष्कार किया। यहाँ तक कि कुछ लोगों ने प्रसाद नहीं लिया। इन लोगों ने वही प्रश्न दुहराया कि शहर के सारे बड़े लोग मर गए थे कि एक दरजी से खेल भवन का शिलान्यास कराया गया? यहाँ तक कि रामजी के लिए अपशब्दों का भी इस्तेमाल किया गया।

उधर रामजी नींव के पास बैठा फूट-फूटकर रो रहा था। पता नहीं अपने अतीत पर या वर्तमान पर।

थाना

समय पाँच से अधिक हो रहा है। सभी जा चुके हैं। खिड़कियों के बंद किए जाने की खट-खटाहट मैं सुन रहा हूँ। मैं यह भी जानता हूँ कि भोला आकर पूछेगा कि हुजूर! पेट्रोमेक्स जलाऊँ? आज भी देर रात तक काम करेंगे? सभी चले जाते हैं, केवल आप ही इतना क्यों खटते हैं, आदि-आदि अनेक आत्मीय बातें करेगा।

भोला दिल का साफ आदमी है, जो उसे थोड़ा भी स्नेह देता है, उसके लिए वह कुछ भी कर सकता है। ऑफिस के लोग मुझसे पूछते हैं कि भोला तो साहब को भी बेबाक जवाब दे देता है, लेकिन आपके सामने भीगी बिल्ली बन जाता है, आखिर क्यों?

मैं कहता हूँ, यह बात आप भोला से क्यों नहीं पूछते हैं। सही बात तो वही बताएगा।

लेकिन सच यही है कि जब वह छुट्टी लेकर घर जाता है, तो ज्यादा दिन रुककर आता है। चाहे वेतन कट जाए। साहब की फटकार सुननी पड़े, लेकिन वह रुकेगा ही। इसके लिए साहब कई बार कारण पूछ चुके हैं। ट्रांसफर के लिए लिखे हैं, बावजूद अपनी आदत से बाज नहीं आता है।

मैं जब पूछता हूँ तो बताता है कि क्या करें, घर पर पिता बीमार हैं, माँ बूढ़ी हैं। थोड़ी खेती-बाड़ी है। सब देखना पड़ता है, इसलिए समय अधिक लग जाता है।

मुझसे जुड़ने का एक ही कारण है कि मैंने उसकी साभी समस्याओं

का जवाब लिखवाकर दिया है। ब्लॉक के डॉक्टर साहब से कितनी बार मेडिकल सर्टिफिकेट दिलवाया, मुझे याद नहीं है। इसलिए वह मुझसे परिवार के लोगों की तरह जुड़ा है।

आज वह मुझसे अप्रत्याशित प्रश्न कर बैठा, ''हुजूर! आजकल आप बहुत उदास रहते हैं। साहब भी कल कह रहे थे कि धीरबाबू आजकल खोए-खोए से रहते हैं।''

मैं चुपचाप उसकी तमाम बातें सुनता रहा। लेकिन सच तो यह था कि उसने मेरी दुखती रग पर हाथ रखा था। मैं अगर अभी बात करता तो संभव था कि मेरी आँखों से बहते आँसू वह देख लेता। इसलिए चाबी बढ़ाते हुए मैंने इतना ही कहा, ''ऑफिस बंद कर दो और मेरा सी.एल. ऐप्लिकेशन साहब की टेबल पर रख दो। मेरी तबीयत ठीक नहीं है।''

ऑफिस बंद करने के बाद मैंने चाबी रवींद्र बाबू को देने का निर्देश दिया।

अब मैं डेरा जाऊँगा तो पत्नी हठात् पूछेगी, ''डेरा मिला?'' इस यक्ष प्रश्न का मैं क्या जवाब दूँगा। रोज कहती है कि डेरा बदलिए। मैं अब एक दिन भी इस डेरा में नहीं रहूँगी।

जबकि इस डेरे में मैं पहली बार सपरिवार आया था तो पत्नी ने कुछ ही दिनों बाद प्रश्न किया था, ''आपने दारोगा का इंटरव्यूह क्यों नहीं दिया? आज अगर जमादार भी होते तो सारे कष्ट दूर हो जाते। कल बड़े बाबू की पत्नी आई थी। गले में डेढ़भर का मंगलसूत्र था, कान के टॉप में असली हीरा जड़ा था।''

जमादारिन कहती थी कि सीताराम सुनार के घर जो डकैती हुई उसके सब जेवर मिल गए, लेकिन भारी जेवर सब बड़े बाबू ने रास्ते में ही निकाल लिये और बड़े बाबू की पत्नी कहती है कि पटना से बनवाकर मँगाए हैं।

भूमि चौकीदार कहता है, ''बड़े बाबू राजा हैं। मुखिया लोग चावल, दाल, दही, चिवड़ा इतना भेजते हैं कि घर भेजने के बावजूद बाजार में बेचना पड़ता है। बूचड़ रोज मांस पहुँचाता है। सब्जी और जलावन तक जीप से आती है। जिस दिन दारोगाजी का परिवार सिनेमा जाता है उस दिन पूरी बालकनी

खाली रखी जाती है। दिनेश टॉकीज के प्रोपराइटर सुभाष बाबू बार-बार बड़े बाबू से पूछते हैं कि ठंडा मँगावाएँ? लाख मना करने के बावजूद मिठाई, नमकीन और थम्सअॅप भेज ही देते हैं। भाग्य है रमकिशना का। बड़े बाबू के साथ बालकनी में सिनेमा देखता है। कुत्ते की तरह चपर-चपर रसगुल्ले खाता है। और अपने को बड़े बाबू की औलाद समझता है। कानीराम हो या गाड़ोदिया, सब उसको चाय-पान कराते हैं।

ये सारी बातें सुनते ही मेरी पत्नी कहती है कि एक आप हैं, जिसे दो तारीख के बाद धोबी भी दो बात कह जाता है। दुर्गापूजा में साड़ी के लिए कहा तो छठ का बहाना बना दिया और छठ में कर्ज का ब्योरा बता दिया।

ये सारे शब्द चलचित्र की भाँति रील-दर-रील मेरे मानस पटल पर गुजरते गए और मैं बढ़ते-बढ़ते अस्पताल के सामने पहुँच गया। काफी भीड़ लगी थी, कुछ मर्द और औरतों के रोने की आवाज सड़क तक आ रही थी।

इतने में भीड़ से आवाज आई, "धीर बाबू!" और पलटकर देखा तो रवींद्रजी, सुभाषजी, महेंद्रजी बासुदेवजी की पूरी जमात कुछ ही दूरी पर है। मैं जब इन लोगों के पास पहुँचा तो सुभाषजी ने पूछा, "कौन गोली मारा है, कुछ पता लगा?"

मैंने कहा, "मैं तो सीधे ऑफिस से आ रहा हूँ। मुझे क्या पता।"

रवींद्रजी ने कहा, "नियरर टू द चर्च ऐंड फारदेस्ट फार्म दी हेमेन। थाना की बगल में आपका डेरा है और आपको कुछ मालूम नहीं है?" थाने में दोपहर से भीड़ लगी है। डी.एस.पी. और डी.एम. कैंप किए हुए हैं। खोजी कुत्ते लेकर फोर्स निकल चुकी है। देखिए पकड़ा जाता है कि नहीं।

मैंने पूछताछ से ज्यादा डेरा जाना मुनासिब समझा क्योंकि मेरे लिए यह कोई नई चीज नहीं थी। थाने की बगल में रहने के कारण चोर, उचक्का, बदमाश को प्रतिदिन हाजत में बंद देखता हूँ।

लेकिन ज्यों ही थाने के पास पहुँचा तो फिर वही दृश्य देखा, थाने के बरामदे पर एक आदमी के दोनों पैर बँधे हैं। बीच में एक बड़ा डंडा देकर दो सिपाही उसके पैर ऊपर किए हुए हैं और डी.एस.पी. लगातार तलवे पर

लाठी बरसा रहे हैं। वह 'हो बाप, हो बाप' चिल्ला रहा है और डी.एस.पी. साहब एक ही बात बोले जा रहे हैं, "बताओ कौन गोली मारा है ?"

जब उस आदमी की चिल्लाहट बंद हुई तो उसके पैर खोले गए और एक सिपाही कमर में रस्सा बाँधकर उसे थाने के कैंपस में दौड़ाने लगा। जब वह दौड़ नहीं पाता था तो सिपाहीजी पीठ पर लाठी मारते थे, जिससे वह लँगड़ा-लँगड़ा कर चलने का भरसक प्रयास करता था।

इस दृश्य को देखकर मेरा मन करता था कि ऑफिस लौट जाऊँ और पेट्रोमेक्स जलाकर पेंडिंग फाइल निपटा लूँ। लेकिन उधर से दीपक दौड़ता हुआ आया और उँगली पकड़कर डेरे की ओर खींचते हुए कहा, "चलिए मम्मी बुला रही हैं।"

मैं जानता हूँ कि मुझे देखते ही पत्नी पूछेगी कि डेरा मिला? मैं क्या जवाब दूँगा। झूठ की भी सीमा है। छह महीने से कुछ-न-कुछ बहाना बनाकर टाल रहा हूँ। आज की घटना तो तरोताजा है। अन्य दिनों जब रात में अपराधियों को पीटा जाता है तो वह कहती है, "बजर खसौना सभ किए चोरी डकैती करै छै। एतेक लोग दिल्ली-पंजाब जाए छै। इहोसम किये नै जाय छै।" और फिर मुझ पर बरस पड़ती है। लोग रात को आराम करते हैं और मैं "हो बाप-हो बाप" सुनकर रात बिताती हूँ। मैं अब इस डेरे में एक दिन भी नहीं रहूँगी। कल ही डेरा बदलिए।

मैं कहता हूँ कि एक हजार में ऐसा डेरा कहीं नहीं मिलेगा। जहाँ भी जाता हूँ दो-तीन हजार से कम भाड़ा नहीं माँगते हैं। हम कहाँ से लाएँगे।

मेरी बात समाप्त होने के पहले ही कहने लगती है, "मैं झोंपड़ी में रह लूँगी। फटी साड़ी पहनूँगी, लेकिन यहाँ नहीं रहूँगी। यहाँ रहने से बाल-बच्चों के संस्कार बिगड़ जाएँगे। कितने गंदे होते हैं पुलिस वाले। सुबह से शाम तक भद्दी-भद्दी गालियों से ही बात करते हैं। गाली तो थाने का चौकीदार तक देता है। बरतन-बासन धोने के लिए जो दाई आती है, सिपाही लोग उससे इतनी गंदे-गंदे मजाक करते हैं कि बहू-बेटी सुन ले तो चाल-चलन बिगड़ जाए।"

और अभी मैं वही दृश्य 'हो बाप-हो बाप' देख रहा हूँ।

एक दोषी व्यक्ति की तरह मैं डेरे की ओर बढ़ रहा हूँ। मैं गेट खोलकर कमरे में प्रवेश कर रहा हूँ और भीतर से पत्नी की आवाज आ रही है, "एना आदमियो के मारलजाय छे। छातिये में गोली मारि देलकै। बेचारी के छाती पिटनाय देखि, आय हमरा खायलो नै गेल।"

मैंने साहस बटोरकर कहा, "क्यों गैरों की चिंता करती हो। यह बिहार ही नहीं पूरे हिंदुस्तान में हो रहा है।"

जो सोचकर मैंने कहा उसका ठीक विपरीत परिणाम सामने आया। मुझे देखते ही पत्नी कहने लगी, "आज आप डेरा बदलते हैं या नहीं? मैं अब एक पल भी इस डेरा में नहीं रहूँगी। अरे जब अपराधी को पकड़ते हैं तो वहीं क्यों नहीं गोली मार देते हैं, जो थाना में लाकर नौटंकी करते हैं। पुलिसवाले सब आदमी नहीं कसाई हैं। इस तरह तो लोग जानवरों को भी नहीं मारता है। यह सब देखकर हमारा किसी दिन हार्ट फेल हो जाएगा या ब्रेन हेमरेज हो जाएगा।"

मैंने सोचा कि अगर मेरे एक झूठ बोलने से घर में शांति हो जाए तो क्यों न कल के लिए हामी भर दूँ। मैंने कहा, "विश्वास करो, कल डेरा खोजने के लिए ही मैंने सी.एल. ले लिया है। कल मैं नया डेरा ढूँढ़ ही लूँगा। मेरे इतना कहने पर मैंने देखा कि पत्नी का आक्रोश बारह आने घट गया है। चार आना भी नहीं रहे इसके लिए मैंने उसके मनोनुकूल बातें कीं।

"आज मैं दारोगाजी से भी मिलता हूँ और कहूँगा कि यह पीटने का कार्यक्रम आप बंद कमरे में कीजिए। 'हो बाप-माय' से अगल-बगल के परिवार भी परेशान होते हैं। बच्चे पढ़ नहीं पाते हैं। कई लोग तो खाना तक नहीं खा पाते हैं। इतना सुनकर पत्नी खुश हो गई। लेकिन साढ़े आठ बजे के बाद बार-बार हमसे कहने लगी, "थाना नहीं जाइएगा। सवेरे जाइए नहीं तो दारोगा पेट्रोलिंग पर निकल जाएगा।" मुझे क्या पता था कि अपने बुने जाल में मैं खुद फँस जाऊँगा। ना-नुकूर करने की कोई गुंजाइश नहीं थी क्योंकि थाना बगल में था।

मैं यह जानता था कि आज थाने में कोई नहीं होगा, क्योंकि डी.एस.पी. ने दारोगा से कहा है कि चौबीस घंटे के अंदर अपराधी को पकड़कर हाजिर करो अन्यथा लाइन में हाजिर होने के लिए बोरिया-बिस्तर समेटकर रखो। आज रातभर सघन छापामारी चलेगी।

मैं यही सब सोच-विचारकर थाने की ओर चला। थाने के गेट पर एक औरत बच्चे के साथ खड़ी थी। मुझे देखकर कहने लगी, ''हाकिम बाबू! मेरा घरवाला निर्दोष है फिर भी बड़ा बाबू पकड़कर थाना में बंद कर दिया है। आज दिन में भी नहीं खाया है। मैं खाना लेकर आई हूँ। कोई खाना देने नहीं देता है। बड़ा बाबू से कहकर खाना देने का ऑर्डर दिलवा दीजिए। भगवान आपका भला करेंगे।''

मैंने देखा कि औरत निहायत गरीब है, मैली-कुचैली साड़ी। एक हाथ में कपड़े में लिपटा हुआ भोजन और दूसरे हाथ की उँगली पकड़े हुए सात-आठ बरस का लड़का निर्मिष हाजत की ओर टकटकी लगाए खड़ा था। उसकी दशा देखकर मैंने बिना कुछ सोचे-समझे कह दिया, ''अच्छा, तुम रुको मैं बड़े बाबू से बात करता हूँ।'' इतना कहकर मैं थाने में प्रवेश कर गया। मुझे देखते ही बड़े बाबू बोले, ''आइए धीर बाबू! आज रात्रि में कष्ट किया?''

मैंने देखा कि बड़े बाबू अकेले कुरसी पर चिंतनीय मुद्रा में बैठे हैं। शायद आज रात की योजना पर मंथन कर रहे थे।

मैंने कहा, ''शायद आप कुछ सोच रहे थे। मुझे लग रहा है कि मैंने आकर आपको परेशान कर दिया है।''

उन्होंने कहा, ''क्या बताएँ, पुलिस की नौकरी वेश्या है, जिसके कई भतार हैं। ऊपर से नीचे तक मंथली पहुँचाना बेहद जरूरी है। इसके बावजूद अपराध हुआ, दारोगा सस्पेंड, गोली चली, दारोगा सस्पेंड। हरिजन का केश पहले नहीं लिया, दारोगा सस्पेंड। विधायक का टेलीफोन चालू नहीं हुआ, दारोगा सस्पेंड। मंत्री का लगुआ-भगुआ शिकायत किया, दारोगा का ट्रांसफर। यानी दारोगा का एक भतार नहीं है। जो भी आया आनंद लिया और चला गया। आज का ही मामला देखिए। डी.एस.पी. साहब कह गए हैं कि गोली मारने

वाले को चौबीस घंटे के अंदर हाजिर करो, अन्यथा लाइन के लिए तैयार रहो।

"सभी जानते हैं कि गोली किसने चलाई है, लेकिन नाम बताने को कोई तैयार नहीं है। क्या डी.एस.पी. साहब नहीं जानते हैं कि अपराध किसने किया है और अपराधी कहाँ है? लेकिन 'खेत खाए गधा और मार खाए जोलहा।' मैं तो कहता हूँ कि मेरी क्या बिसात है। अगर आई.जी. उसको छू ले तो वह मरद का बेटा होगा। गोली मारनेवाला मंत्रीजी का साला है। उसको कौन पकड़ेगा। हवन का कौन हविष बनेगा?"

मैंने कहा, "आपका कहना शत-प्रतिशत सही है, लेकिन एक बात समझ में नहीं आई है कि आप लोग अपराधी को पकड़कर लाते हैं, तो पूछते हैं कि तुम्हारे और कौन-कौन साथी हैं? माल कहाँ रखा है? लेकिन कभी पूछा है कि अपराध क्यों करते हो?"

"धीर बाबू! थाना कोई सुधार विद्यालय नहीं है कि यहाँ नैतिकता का पाठ पढ़ाया जाए। यहाँ न तो बुद्धवाद चलेगा और न गांधीवाद। यहाँ चलेगा सिर्फ डंडावाद। जिसने डंडा को छोड़ा, वह दंडित हुआ। कल तक जिसको देखते ही गोली मारने का आदेश था, आज उसी की सुरक्षा के लिए सरकारी संतरी है। जिस मंत्री का सुबह फोन आया था उस पर इसी थाने में लूट, अपहरण, बलात्कार और हत्या के दर्जनों मुकदमे दर्ज हैं। हम लोग क्या करें? जब आप घरों में चैन की नींद सोते हैं, मैं रात के अँधेरों में अपराधियों को ढूँढ़ता हूँ। मैं जान की बाजी लगाकर अपराधी को पकड़ता हूँ, सुबह डी.आई.जी. का फोन आता है छोड़ दो। मैं बदमाश को पकड़कर सवेरे जेल भेजता हूँ और शाम तक वह बेल लेकर थाने में हाजिर हो जाता है। हम क्या करें? आप ही बताइए।"

इसी बीच वह औरत, जो गेट पर खड़ी थी, बच्चे के साथ दारोगाजी के सामने आ गई। उसको देखते ही दारोगाजी ऐसे भड़के जैसे लाल कपड़े को देखकर साँड़ भड़कता है और चिल्लाए, "मुंशीजी! लाइए तो डंडा और लगाइए इसकी पीठ पर दस डंडा। रात में कहती थी कि हमारा घरवाला दो महीने से पंजाब गया है और भतार को कोठी में छिपाए थी। जब भतार

डकैती करके माल लाता था तब मजे से खाती थी और पकड़ाया है तो नौटंकी करती है।''

औरत रो-रोकर कहने लगी, ''हजूर! दिनभर कुछ नहीं खाया है। मैं घर से रोटी लाई हूँ। इसे खाने के लिए दे दीजिए। रात भी कुछ नहीं खा सका था।''

इतना सुनते ही दारोगाजी ने कहा, ''मुंशीजी! निकालिए किशना को बाहर'', और मुंशीजी ने हाजत का फाटक खोलकर किशना के कमर में रस्सा लगाया।

यह देखकर औरत को महसूस हुआ कि उसके गिड़गिड़ाने का प्रतिफल अनुकूल हुआ, लेकिन यह क्या?

किशना के हाजत से बाहर होते ही दारोगाजी की लाठी तड़ातड़ किशना पर बरसने लगी। किशना बाप-बाप चिल्ला उठा और औरत के साथ का बच्चा अपने पापा को पिटते देख पैर पटक-पटककर रोने लगा। बच्चा बार-बार अपनी माँ से कह रहा था—

''माय! बाबू के मारै छै।'' बच्चे को लग रहा था कि माँ के कहने पर दारोगा मारना छोड़ देगा। इसलिए एक ही रट लगाए था, ''माय! बाबू के मारै छै।''

मैं चुपचाप थाने से उठा और डेरे की ओर चला। रास्ते में एक ही संकल्प लिया कि कल डेरा बदल लूँगा।

□□□